mark

這個系列標記的是一些人、一些事件與活動。

mark 50 福爾摩沙變形記

An historical and geographical description of Formosa

作者：撒瑪納札(George Psalmanaazaar)　譯者：薛絢

責任編輯：楊郁慧　美術設計：何萍萍

法律顧問：全理法律事務所董安丹律師

出版者：大塊文化出版股份有限公司

台北市105南京東路四段25號11樓

www.locuspublishing.com

讀者服務專線：0800-006689

TEL：（02）87123898　FAX：（02）87123897

郵撥帳號：18955675　戶名：大塊文化出版股份有限公司

總經銷：大和書報圖書股份有限公司　地址：台北縣五股工業區五工五路2號

TEL：（02）8990-2588（代表號）　FAX：（02）22901658

排版：天翼電腦排版印刷股份有限公司　製版：源耕印刷事業有限公司

初版一刷：1996年10月

二版一刷：2005年1月

三版 一刷：2016年 10月

定價：新台幣280元

Printed in Taiwan

國家圖書館出版品預行編目資料

福爾摩沙變形記 / 撒瑪納札(G.Psalmanaazaar)著 ; 薛絢譯.

-- 二版. -- 臺北市 : 大塊文化, 2005[民94] 面； 公分. -- (mark ; 50)

譯自 : An historical and geographical description of Formosa

ISBN 986-7600-90-8(平裝)　1. 臺灣 - 歷史

673.22　93022433

福爾摩沙變形記

撒瑪納札（G. Psalmanaazaar）⊙著
薛絢⊙譯

撒瑪納札肖像

關於撒瑪納札的台灣史僞書

翁佳音

研究台灣史的人，幾乎沒有人不知道，遠在十八世紀之初，就有一位自稱是台灣原住民名叫撒瑪納札（George Psalmanaazaar, 1679-1763）的人，在英國出版了一本有關台灣歷史、民族誌的書籍①，而驚動歐洲的上層社交圈，且先後有多國語文的譯本刊行於世。

作者自稱他在台灣出生、長大，當時是日本國民的台灣人，十九歲時（約一六九八年，清康熙三十七年）被他的家庭教師，即耶穌會的教士所騙，一齊離開祖國來到歐洲。之後，他因不願皈信天主教而脫逃，在歐陸輾轉流浪、從軍，最後遇到英國聖公會牧師，成爲該教派信徒，並一齊渡海到英國，於一七〇四年（清康熙四十三年）寫下本書。當時他大約二十五歲。

據相關文獻得知，作者原先用拉丁文寫成草稿，由他人譯成英文出版。刊行約一年之後，即一七〇五年，便再印行修訂版。英國之外，連在曾統治過台灣，且完全離開台灣還不到五十年的荷蘭，也分別有法、荷譯本的問世。一七〇五年，在阿姆斯特丹出版法譯本，同年在鹿特丹出版了荷文譯本②。法文譯本並且在一七〇八、一七一二年再版，甚至印行五刷，到了十九世紀仍然吸引著法國人的注意③。在英國很快就印行六刷。一九二六年，英國又再重新排印，出版七百五十部的限定本④。

這本英文台灣史志出版後的幾年之間，雖然質疑其可信度者不乏其人，作者卻巧妙藉詞推託而逃避正面回應，因此，他在上層社交界中仍然深受歡迎，成爲倫敦士紳、名媛崇拜與模倣的偶像。一七〇七年，他又出版了一本有關日本人與台灣人的宗教對話的英文小冊子⑤。

像這樣曾經在歐洲出過名，而且又號稱與台灣有關係的人物與書籍，不管眞僞如何，在今天重新介紹，並把該書翻譯成中文，讓不諳外文的讀者一睹究竟，應該不是一件沒有意義的事。這部中譯本，是根據一七〇五年的英文第二版迻譯而成，另外，又附上一九二六年重印本書的編者 N. M. Penzer 之導言，充作了解本書背景的一個參考資料。

本書除獻詞、作者序言與辯解文之外，主要由兩卷構成。卷一爲台灣歷史、地理、民俗、語言的介紹。卷二爲作者到歐洲後的經歷，與站在聖公會立場批判天主敎、路德會、喀爾文敎派的神學方面文章。書中的虛虛實實，讀者在閱讀中自然有所領會，不用我再多言說明。不過，由於作者在談台灣歷史時，其年代順序可能不是很清楚，所以，底下我就從文脈判斷，對作者所說的台灣通史勾要介紹。

據作者之言，台灣約在一四五〇年代（明朝景泰年間）之時，就已經有編年體的歷史書。依該書記載，自古以來，台灣的政治體制爲君主制，有國王統治著百姓。然而，約在一五〇四年時，被韃靼皇帝（the Emperor of Tartary）所征服，統治七十餘年。後來韃靼皇帝對台灣施行苛政，並強迫臣民改信其它宗教，因此引起台人奮起反抗。台灣人在獨立復國之後，荷蘭人、英國人與中國人先後前來貿易。但中國人圖謀侵佔台灣，經幾年台、中戰爭後，終爲台灣人所逐。荷蘭人也因立場曖昧，不被台灣人信任，故只能在本島之外的小島築城貿易。

正當此時，大約是一六五二年左右吧，復國後的台灣又被篡位不久的日本天皇莫里安大奴（Meryaandanoo）設計征服，從此被納入日本國的版圖領土，成爲日本的屬國。天皇另派人來台當國王，原來的台灣王則淪爲無實權的副王。據作者說，篡位的日本天皇莫里安大奴原係中國人，年輕時東渡日本，深得日本宮廷的寵幸。其後，他用計弒殺日本天皇與皇后，篡位登基。不久，這位天皇藉口病情難癒，致書台灣國王，揚言要到台灣拜神求醫。台灣國王與大臣、祭師們不疑有詐，終於引狼入室，亡國稱臣於日本。作者就是在這樣的改朝換代局勢之下出生，因此，他一方面是台灣人，一方面也是日本人。

今天，只要稍具台灣史常識的人，很輕易就可知道上述的「歷史」破綻百出，並發現書中所提的台灣地理與民族誌，幾乎是憑空揑造、無稽之談。事實上，在本書出版後不幾年，已被時人證明是僞書了。這位揑造台灣史志的作者，於年老時在倫敦寫下了他的自傳⑥，傳中坦誠他冒稱台灣人，憑空想像虛構台灣原住民的生活、經驗、風物，與居民的一般事情及語言文字等。他在寫本書時，未曾離開過歐洲，更遑論到過亞洲了。

遺憾的是，作者在懺悔式的回憶錄中，仍然不肯吐露他的眞實姓名，說明自己是何方人士。我們只能間接判斷，他應該出生在法國朗格多克（Languedoc）地區某處。當時，該地區的社會經濟情況，據現代著名的法國歷史人類學家 E. Le Roy Ladurie 之研究⑦，已呈現土地集中、農業不景氣的局面。此外，該地區附近，在十六世紀之時，也發生過聞名的冒名頂替詐欺事件，引起歷史家注意⑧。或許正是在如此的風土，會產生像撒瑪納札這樣的人物吧。

既然本書是一本捏造的僞書，那麼，它的出版價值是否因此而大大減損甚至不值一讀？我倒不這麼認爲。在審訂本書的過程中，不免使我從另一個角度來思考台灣史的研究。那就是我們如何來看待所謂的僞史與信史的問題。對於如本書的僞史，研究者往往把它視爲聊備一格的資料而已；而對所謂的信史，又常常習焉不察，忽略其部份內容反而「虛僞性」竟然鳥不下於僞史！

舉例來說吧，像不少的研究者視《隋書》流求國傳中的「流求」爲台灣，不是今天的琉球。雖然已有學者力辯其非⑨，仍然還有人深信不疑，據之當成台灣與中國關係的信史。可是，這個「信史」的資料中卻有一段文字說：

> 流求國……其王姓歡斯，氏名渴剌兜，不知其由來，有國代數也……所居曰波羅檀洞，塹柵三重……王所居舍其大一十六間，雕刻禽獸……國有四、五帥，統諸洞，洞有小王……王乘木獸，令左右轝之而行，導從不過數十人。小王乘機，鏤爲獸形。

這就是說，台灣在中古世紀已有國王，臣下尚有「帥」與「小王」，猶如撒瑪納札所說的「君主制」政體了。並且，台灣國王在西元六〇七年時，被中國隋煬帝派遣而來的大軍所斬殺，其百姓則爲中國軍「擄男女數千而歸」！這樣信史中的台灣歷史插曲，與本書所虛構的歷史事實相較之下，似乎沒有兩樣吧。

所以，我認爲儘管是僞書，還是可以從另外一個角度來看。不妨把本書看成反映近代歐洲人對異國興趣（exoticism）的作品，反映了歐洲人曾經對台灣所產生過的印象。甚至直到十九世紀的八〇年代，竟然還有法國的語言學者獨排衆議，主張本書有部份內容是眞實的呢⑩。

話說回來，本書所述的台灣種種固然全非事實，可是，將之斥爲「憑空想像」、「無中生有」的捕風捉影之作，似乎也有欠公允。據作者說，他參考了一六二七年來台傳教的德意志人，即荷蘭新教牧師康德先生（George Candidius，本中譯本依拉丁文拼寫譯作「康地丟斯」）有關台灣原住民的記述，以及瓦列尼亞斯（Varenius）有關日本的資料。正因爲如此，他在談到日本或台灣的語言時，有些眞的是日語，我在審訂時，都盡可能把它們還原成本字。還有，像他提到乘轎的名稱是Norimonnos，我懷疑是「乘物」的日語發音。另外，他在講台灣的祭司階級時提到Bonzo、Bonzos，事實上是日語的「坊主」，這在其它的歐文資料中可以看到⑪。

再退一步而言，作者所敍述的台灣歷史大事件中，譬如韃靼皇帝佔領台灣之事，似乎有蒙古人建元朝滅宋朝的影子；台灣有國王一節，似乎與十七世紀七、八〇年代英國東印度公司的人員稱鄭經爲台灣國王（King of Tywan）⑫有關。中國人渡日篡位成爲天皇，我們不妨比擬成江日昇《台灣外記》中所載顏思齊、鄭芝龍（一官）等人在日本起事失敗的故事，尤其是一官至日本，後來稱霸海上，更是廣爲當時歐洲人所知之事⑬。至於「致台灣國王書」、「征台」之事，在台灣史上確實也有類似的例子。如所周知，一五九三年（明萬曆二十一年），豐臣秀吉曾遣使攜文書促高山國（即台灣）入貢，而一六一六年（明萬曆四十四年）左右，長崎代官村上等安曾發兵征台。

雖然，撒瑪納札所敍述的年代順序，悖離歷史實際的發展，但據推測，他應該也從到過台灣及亞洲地區的歐洲商人或傳教士的口傳或報告中，得到一些有關台灣與附近國家的資訊，而把這些資料混雜地引用在他的書中。所以，難怪他在反駁康德牧師的記述時，會振振有詞的引英國商人之語來證明他的話了。

由此而觀，吾人把本書看成近代初期，歐洲人的台灣觀也未嘗不可。據此，台灣在當時的國際舞臺上不只是美麗之島，而且其政治還滿多采多姿的。

最後，要附帶一提的，是卷二有關神學、護教學方面的談論，佔了本書不少篇幅，雖然與台灣史無關，對神學研究有興趣的人也不妨看一看。我個人覺得這部份是蠻有趣的。

（翁佳音先生任職於中央研究院台灣史研究所，並在台大講授早期台灣史）

註釋

①*An Historical and Geographical Description of Formosa; An Island Subjecte to the Emperor of Japan, Giving an Acount of Religion, Customs, Manners, etc. of the Inhabitants.* London: Brown. 331pp.

②Beschryvinge van het eyland Formosa in Asia, en der Regering, Wetten, Enden, en Godsdinst der inwoonders uit de gedenkschriften van den Hr. Georgius Psalmanaazaar. Rotterdam: Pieter van der Veer Boekverkoopers. 中央研究院的圖書館藏有此書。

③J. F. L. de Balbian Verster, *"Psalmanasar, een geographisch-ethnographisch bedrog in de 18e eeuw" in Tijdschrift van het Koninklijk Nederlandsche Aardrijkundig Genootschap*, 1930. pp. 844, 853.

④N. M. Penzer, ed., *An Historical and Geographical Description of Formosa.* London: Robert Holden & Co. Ltd, 1926.

⑤*A Dialogue Between a Japanese and a Formosan, about Some Points of the Religion of the Time.* London: Printed for Bernard Lintott at the Cross-Keys next Nando's Coffe-House, Fleetstreet. 1707. 台灣長老會的甘為霖牧師在一八九六年曾重印出版，請參見 Rev. Wm. Campbell, ed., *The Articles of Christian Instruction in Favorlang-Formosan*, London: Kegan Paul, Trench, Trübner & Co. Ltd, 1896. pp.103-121.

⑥*Memoirs of commonly known by the name of George Psalmanazar; a reputed native of Formosa:* written by himself, in order to be published after his death. London: Davis. 1765. 台大圖書館藏有此書。

⑦Emmauel Le Roy Ladurie, *The Peasants of Languedoc*, trans. by John Day , Illinois: University of Illinois Press, 1976.

⑧Natalie Z. Davis, *The Return of Martin Guerre, Havard*: Havard University Press, 1983.

⑨梁嘉彬，〈隋書流求國傳逐句考證〉，《大陸雜誌》45(6): 295-332。

⑩Campbell , op cit., pp. xvi-xvii.

⑪Luis Frois, *Tratado em que se contem muito susintae abreviadamente algumas contradições e diferen ças de custumes antre a gente de Europa e esta provincia de Japão*, 1585. 日譯見··岡田章雄譯注，《日歐文化比較》，收於《大航海時代叢書》，第Ⅰ期，II··東京··岩波書店，1991。頁 542-551。

⑫vide Chang Hsiu-jung et al. eds., *The English Factory in Taiwan, 1670-1685.* Taipei: National Taiwan University, 1995.

⑬C. R. Boxer, *The Rise and Fall of Nicolas Iquan.* T'ien hsia Monthly, 11(5): 401-39. 1941.

AN

Historical and Geographical DESCRIPTION OF *FORMOSA*,

An Island subject to the Emperor of JAPAN.

Giving an Account of

The Religion, Customs, Manners, *&c.* of the Inhabitants. Together with a Relation of what happened to the Author in his Travels; particularly his Conferences with the Jesuits, and others, in several parts of *Europe*. Also the History and Reasons of his Conversion to Christianity, with his Objections against it (in defence of Paganism) and their Answers.

To which is prefix'd,

A PREFACE in Vindication of himself from the Reflections of a Jesuit lately come from *China*, with an Account of what passed between them.

By GEORGE PSALMANAAZAAR, a Native of the said Island, now in *London*.

The second Edition corrected, with many large and useful Additions, particularly a new Preface clearly answering every thing that has been objected against the Author and the Book.

Illustrated with several Cuts. To which are added, A Map, and the Figure of an Idol not in the former Edition.

London, Printed for *Mat. Wotton*, *Abel Roper* and *B. Lintott*, in *Fleetstreet*; *Fr. Coggan* in the *Inner-Temple-Lane*, *G. Strahan* and *W. Davis* in *Cornhill*, 1705.

Price Six Shillings.

1705年版書名頁

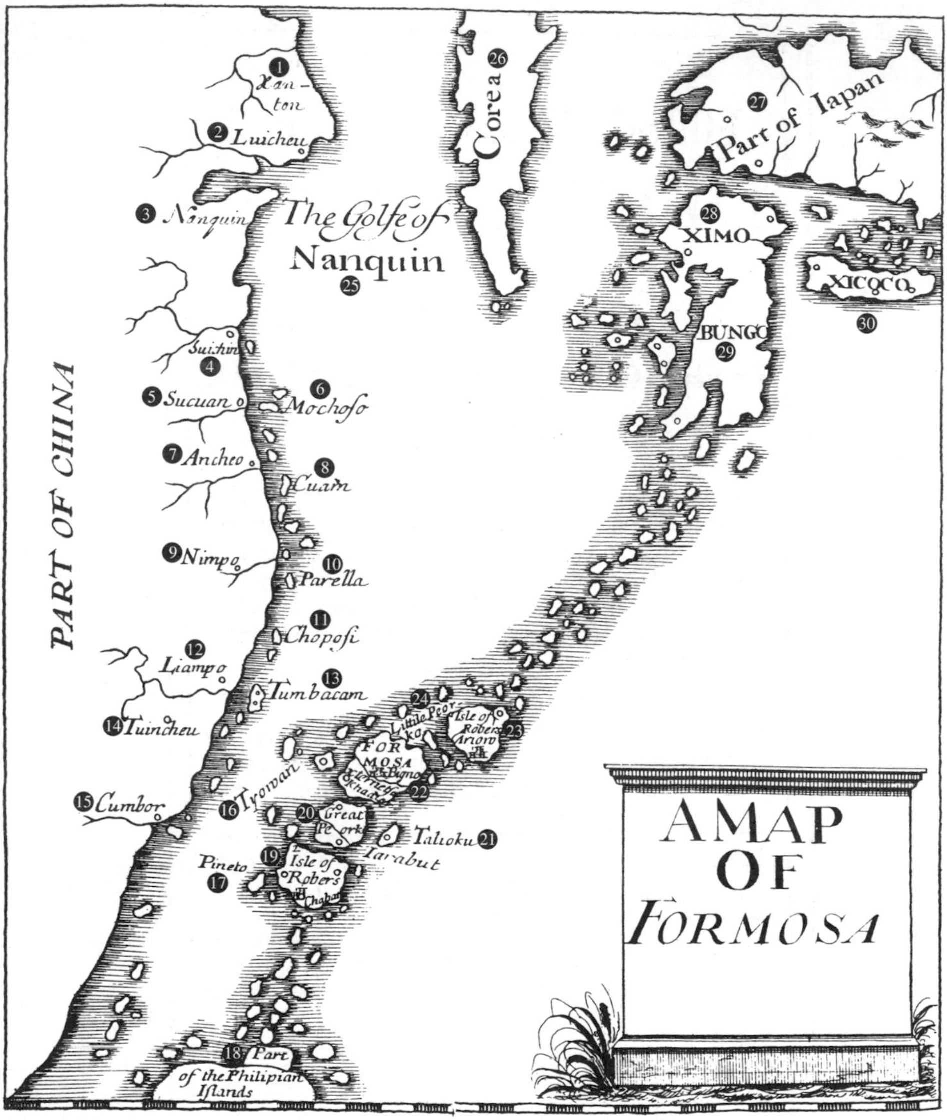

福爾摩沙地圖

①山東(Xanton) ②盧伊丘(Luicheu) ③南京(Nanguin) ④蘇州(Suichin) ⑤四川(Sucuan) ⑥莫綽索(Mochoso) ⑦安奇歐(Ancheo) ⑧庫安姆(Cuam) ⑨寧波(Nimpo) ⑩巴列拉(Parella) ⑪卓波希(Choposi) ⑫雙嶼(Liampo) ⑬屯門港(Tumbacam) ⑭泉州(Tuincheu) ⑮康波爾(Cumbor) ⑯臺窩灣(Tyowan) ⑰皮乃脫(Pineto) ⑱菲律賓 ⑲盜賊島(Isle of Robers) 查巴特(Charbat) ⑳大佩莪科(Great Peorko) ㉑塔里奧古(Talioku) 甲拉布特(Jarabut) ㉒福爾摩沙 賓諾(Bigno) 澤特尼特撒(Xternetsa) 哈德杰(Khadzey) ㉓盜賊島(Isle of Roberts) 阿里歐(Ariow) ㉔小佩莪科(Little Peorko) ㉕南京灣 ㉖高麗 ㉗日本 ㉘西莫(Ximo) ㉙本溝(Bungo) ㉚士可可(Xicoco)

目錄

第二卷

恭呈
倫敦主教，暨
女王陛下御前樞密大臣，
亨利大人尊前

僕知大人公務繁重，尤其當此機要待決之刻，斷無撥冗過目僕拙作之理。然僕斗膽，仰祈大人千萬賞閱賜教。大人一言九鼎，若賜　鈞諭，萬萬人豈敢擅發褒貶之辭哉？歐羅巴人略識日本事者衆，但素多訛誤不審。論述吾福爾摩沙島之諸事，尤難以取信於歐人。據僕管見，耶穌會教士輩向以淆惑大衆視聽爲能事，其惡行惡狀先已在日本國境招致鎮壓之禍。僕撰此書，一則略陳吾福爾摩沙島事實以曉大衆，再者痛陳該耶穌會徒遭逐，以及凡奉基督教者遭池魚之殃之始末。

自僕來英即蒙大人雲天高誼，僕沒齒難忘。然僕才疏學淺，縱獻此鳩拙於大人座下，仍不得報大人再造之恩於萬一。虔請
鈞安

僕
撒瑪納札肅稟

原序

初抵英格蘭之時，人人急於問我有關我故國的事物。繼而因爲聽我所述都是英人聞所未聞的，於是人們又主張我應訴諸文字而發展。我欣然同意，以投其所願，也藉此一述衷懷。我所耳聞的諸多東方國度的綺麗故事（尤其是我故國的故事），也是讀者諸公信以爲眞者，曾令我於決定下筆前思之再三。然而，基於事實終將排除傳奇以正視聽，基於不願誤導讀者之良知，我毅然擔起無可推卸的責任，從實報導福爾摩沙島之史實，以饗讀者大衆。

與本書題材相類之作早已充斥坊間，孰是孰非，自有公斷，無庸本人多辯。但必須懇請讀者注意，其他自稱曾親眼目睹者所陳述的內容，往往相互牴觸，其可信與否也就可想而知了。本人記述之事實，多可援引往返中國之英籍留商的話爲憑據。由其所言與本人所述相互呼應，可知本書內容屬實，而他作爲訛。

例如，康地丟斯（Candidius）之流指出，福爾摩沙島既無王治，亦無民治政府；凡竊盜、姦淫、謀殺等惡行，概無可懲之律法，任憑受冤害者自行報復了斷。亦即是說，若某人竊取我一百英鎊，我可偷其等量的金錢以報之。若某人殺我，我的親友可取此人性命以爲報復。通姦或其他罪行等，均可比照類推。此外，按康地丟斯之流所言，島上全然無經濟或秩序可言，島民無主從尊卑意識；島上毫無金銀礦藏，無香料出產。然吾人早自前往中國之英籍貿商處得知，凡出口貨物必須上繳鉅額稅款予總督。既有總督，必有律法。康地丟斯之輩儘管言之鑿鑿，英國貿商卻證實曾大量自該島出口黃金、白銀與香料。

任何懂得道理的人，都能駁倒所謂吾島混亂無秩序之說。試問：沒有法律與尊卑秩序，國家如何建立？不以律條懲處爲非作歹者，社會如何維繫？依本人淺見，任由各人自報冤仇的社會，必是謀殺淫盜不斷。更何況，按康地丟斯等人所言福爾摩沙人根本視此類惡行爲無關緊要之小過失，其亂象當然窮兇惡極。

某些人士言稱，福爾摩沙島爲中國皇帝之屬地。果眞如此，中國人何必進大量貢品給吾島總督？此一疑問不妨求教荷蘭人。日本皇帝驅逐荷人多年之後，又恢復其在福爾摩沙貿易之權（此事見本書第一卷第卅九章），故荷人所言當可取信。

一、虛誑之言雖不只於此，但本人無需多費唇舌列舉駁辯。總而言之，一件事上信口雌黃至此，其他故事之虛實也就可想而知。至於誑言者是否存心捏造，抑或純屬無知之過，均非本人份內應追究之事。

二、其次務請讀者諸公注意，本書無意提供吾福爾摩沙島之完備史料。蓋因余生也晚，以十九之齡離故土遠遊，至今已有六年。所見所聞原本不多，間或有遺漏更在所難免。故本人僅能就記憶據實記述，內容雖有限，卻全屬本人相信爲千眞萬確之事。其中若有任何疏失，本人既已聲明在先，也就問心無愧了。

三、本書述及我故國大規模屠殺基督教徒之緣由。耶穌會教士群雖對其言行多有托辭，然泰半理由不足。故吾國人普遍認爲其中另有陰謀。本人將盡力就事實經過一一詳陳。按耶穌會教士指我國異教祭司因羨生妒，荷蘭人又極力競爭，故而導致教徒遭迫害。但上述理由終不至於使凡奉基督教者均受波及，而其中之陰險奸謀已爲本人所發現。本人深信，揭發此事勢必招致耶穌會教士惡言相向。馮特奈神父（Father Fountenay）即是一例。此人曾在中國傳教十八年，此刻（或近期內即將）居於倫敦，獲知本人發表著作，且在書中批評羅馬教會，因而惱羞成怒，不惜要破壞本人信譽。善意人士已警示本人提防，但本人不屑理會其可恥行徑。誠如詩句所云：「原以爲是名角出場，卻不過是小丑跳樑。」（*Parturiunt Montes, noscetur ridiculus Mus.*——依字面直譯爲「山岳孕育，鼷鼠降生。」）本人句句實言，對馮氏何懼之有？

本人先前已與馮特奈神父晤辯三次，均不得要領。初次是於二月二日星期三在「皇家學會」（Royal Society），適逢列位會員先進們舉行大會。馮氏有意藉機昭信於權威人士。我與馮氏彼此見禮後，便展開對答。馮氏被問的第一個題目是：福爾摩沙島隸屬何人？馮答：爲中國皇帝之進貢邦。某會員前輩問其所憑爲何？馮即答：曾有英籍船「哈威奇號」（Harwich）

遭暴風雨而泊靠福爾摩沙海岸。船中載有耶穌會教士，教士之一溺斃，另四人泅上福島，隨即求救正居於中國某市的馮特奈。馮即上書中國「汗」(Chann)——即皇帝，汗便致函福爾摩沙人，要求連人帶船移交，福人不得不照辦。由此可知福島聽命於中國。

本人答辯：此乃是常事。中福雙方既非交戰之邦，中國船隻飄流至福島，福島雖非中國屬地，理當交還船隻於中國汗。

事後我聽多位船商證實，上述船隻飄流之海岸爲中國海岸，並非福島。當時若知此事，必可在皇家學會先進面前揭穿馮氏謊言。然而，本人只慮及馮氏或許記憶不明，曾在席間追問中國人如何稱呼吾福爾摩沙島。馮答：除福爾摩沙一稱之外，並不知有其他名稱，另稱只有臺窩灣（Tyowan）。但本人確知（確知者莫過於本人），席間另一位曾赴臺窩灣之先生也確知，臺島是距吾福島略遠之另一地名，現爲荷蘭屬地。馮特奈表示並不知此事。

本人進而告之，中國人另以北港多（Pak-Ando）之別名稱呼福島。（北港多即福島人所知之嘉德阿威亞〔God-Avia〕。）馮又回答：中國語文從無一字如 Pak 般以子音結尾者。此乃一派胡言，衆所周知，中國大都市名稱幾乎全部以子音收尾：如南京（Nanking）、廣東（Kanton）、北京（Peking）皆是。

本人於是要求馮氏以中國語答話，其所言者幾近半數爲子音結尾之字，謊言由是不攻自破。此外，馮聲稱中國並無多種語文方言，全國上下只通行一種國語。在座有識之士已指明此一說法有誤，馮氏仍無理取鬧，堅持不改口。本人繼而反駁：按此說來，所有耶穌會教士及其他人士有關中國語文之著述均爲錯誤了。因爲這些著述莫不指明，中國各省份有其不同方言（主禱文便有上百種誦念方式），而且語文亦有差別。例如，貴族階級使用者爲官話（Mandarin），僧人祭司（Bonzees）在宗教崇拜儀式中使用一種非神職者不理解的語文；一般平民所使用者又是另一種。若馮氏堅稱只有一種語文，則馮氏或其他所有人士必有一方在說謊。馮氏此時又顧左右而言他，謂中國人說話時不藉音調表達詞義。本人再度指證此說有誤。因本人在福爾摩沙常聽中國人以其本國語交談，音調甚似唱歌。況且，馮氏之說亦與耶穌會教士所述相互矛盾。此次答辯終因一再中斷而不了了之。讀者可自作一公斷。

此後本人兩度被派與馮特奈會晤：一次是鮑伊斯夫人（Lady Powis）指示，另一次是在錫安學院，但馮氏均爽約。

八天之後，即二月九日星期三當天，本人與皇家學院書記史隆博士（Dr. Sloane）共餐，在座尚有潘布羅克爵爺（Lord Pembroke）、普魯士大使史班希米亞斯男爵閣下（Baron Spanhemius）、一位貴族，以及馮特奈。大使閣下問馮氏：福爾摩沙歸何人統治？馮答：「此位先生（指本人）爲該地土著，我只去過中國，不妨請他回答較妥。」本人即答，爲日本皇帝所統御。席間並未論及其他話題，馮氏也不復表現前次的大言不慚，只是見我食生肉而表驚異。據他所說，中國人烹調肉食方式與歐羅巴人大同小異，韃靼人則只將肉略溫即食用。

第三次與馮特奈晤面是在斯特蘭大街（Strand）的德弗羅場（Devereux-Court）之會堂咖啡屋（Temple-Coffee-House），同時有多位貴族在場。馮問我離開我故國的方式、時間、原因。我一一照答。馮不便多言，蓋本人是隨狄羅德神父（Father de Rhode）一同離福島來英也。

馮氏在外任意誣蔑本人，此事本人早已知悉，本人雖寬大爲懷不予計較，正人君子當不齒其暗地傷人之行徑。本人預料此書將激起耶穌會教士之衆怒，然上帝慈悲，既已多次拯救本人於該輩之毒手，必不忍坐視其又一惡行。「他要報應我仇敵所行的惡，求你憑你的誠實滅絕他們。」（《詩篇》第五十四章：第五節）

本人孤陋，鄉野之語只堪博風雅之士一哂。本書雖以拉丁文寫成，但本人乃一介才疏學淺之日本人耳，記述不週全之處，尚祈讀者諸公包涵。日後若譯入其他語文，凡有錯誤失當，概由本人負責。

書中批評其他宗教之文字，並非本人樂於發表，實乃本人自陳不奉其他宗教之理由所必需。倘有冒犯他教人士之處，本人甚表遺憾。因本人自幼年便受拜偶宗教之薰陶，闡釋皈依正信時或有無心之過，仁人君子見諒。

謹獻上至誠感恩於全能全知之上帝。蒙聖靈引領，本人信眞神而得救。讚美承行救主神旨於地的基督教教會，讚美全能之主。阿門。

一七〇三年二月廿五日於倫敦

一七〇五年再版序

本書初版迅速銷售一空，書商與本人商議再版，並建議本人藉此回應各方對本書及筆者所發之惡意抨擊。書商意在排除不利本書再版銷路之因素；本人自認無愧於心，惡意批評又能奈我何？然而熱心讀者敦促再三，本人也就恭敬不如從命了。

初聽向所未聞之事物而指之爲無稽之談，此乃人之常情。有朝一日本人返回福爾摩沙，所述有關英格蘭及歐羅巴洲之種種，亦難免遭到同樣待遇。然而，若無實際經驗爲證，本人萬萬不敢相信，嚴苛挑剔之本地讀者竟然謬誤至此——以爲本人爲鄰國之人而非出生於千里之外福爾摩沙島的一名日本人。設若一位英國國民在阿姆斯特丹，荷蘭人竟指他爲印度人，其胸中必然感到荒誕與不屑。本人的感受亦然。本人十九歲方離故鄉，若有人妄指本人爲歐羅巴人，本人只得一笑置之。

此類無理的多疑人士，言稱本人書中多有其不可信爲眞的敍事，故而斷定本人爲冒充者。妄下斷語之無理者莫甚於此。若依此類推，大可說貴國某些作者實爲日本人，因其撰述之歷史及故事訛誤遠多於本人拙作，更何況本人絕無憑空編造絲毫。

答辯有心人士駁斥之前，本人必須說明有關再版本的重要事項。不可諱言，初版本未盡完美。再版添錄之諸多新奇寶貴資料，均為本人長考苦思、熱心人士追問再三，本人終於重拾之記憶。書商以為不宜以附錄方式載於正文之後，因此必須分別插入其恰當章節中。初版之譯者將原文中措辭不當與言語重複處改正刪節，雖與原文略有出入，但表達本人原意甚明，本人十分滿意。故本人可借用彼拉多（Pilate）之語：「我所寫的，我已經寫上了。」（《約翰福音》十九：二二）

讀者想必贊成，有關本人答辯抨擊之部份應置於序文中，不宜分別插入正文相涉各處，以免影響行文之順暢。序文中各項答辯均屬至關重要之話題，至於其餘細末刁難等，本人以為不值一提。本人答辯有理與否，尚祈讀者作一公斷。

1　**問**：撒瑪納札自稱十九歲時離開福爾摩沙，留滯歐洲至今約已六年。如此年輕便對其本國事物瞭若指掌，太不尋常。離鄉六年尚對舊事記憶明確，亦屬奇事。

答：⑴此一疑問之由來，在於認定東方人智力劣於英人。以受過良好教育之英國青年為例，豈有不能細述英國史地人文之理？而本人確曾在福爾摩沙接受過最完善之教育。此公（質疑者）似有低估東方人智能之嫌。

(2)此公以爲本人不可能未及弱冠便知悉世事至此，不可能歷六年而保持記憶不衰。這無異是高估本人了。此公難道相信本人所言純屬虛構，且有能力將此虛構全篇記憶不忘？果眞如此，本人豈不具有超乎常人之能力，方可憑空想像出一國的史地人文，並編造出不同於世上任何國家的宗教信仰、全套律法、語言字母系統。本人的記憶力必也是超乎常人，才可能時刻牢記自己編造之謊言，以免前後言語矛盾了。此公竭力要辯明本人實爲英國人，實乃其虛榮心作祟，因爲此公似認爲除了純正英國人，外人不可能有撒此瞞天大謊之才。

(3)本人以爲，十九歲而受過完善教育的青年，能將自己故鄉的實況作出差強人意之記述，乃屬理所當然。原因有五，其一：福爾摩沙之氣候、地理面積、物產等，均爲一般常識。其二：有關福島宗教之記述或有欠週全處，因爲本人不是生長於神職要員的環境。其三：本人理當清楚福島之政府體制及法律，因本人生於必須知悉憲法條律的環境背景。其四：見過福島之衣著、都市、宮城、房屋的人士，即便不曾刻意記憶，也可知其大概。其五：身爲家父之子嗣，本人得以熟識福島風俗人情。基於前述原因，不能如本人般知悉本國事物者，必爲笨伯之輩。

(4)本人記憶向來不佳，若非每日追問我之事，時常轉頭即忘。但此類問題不斷縈繞於耳，已成永不磨滅。請參照原序。

2 問：作者指出，其父引狄羅德至其家中時，作者正在習讀希臘文，並且從此擱下希臘文書籍不讀，因爲此後隨時可求教於其本國之祭司。讀者卻不明白，福爾摩沙之日本人因何成爲希臘文高手（頁二〇三）？

答：⑴此一質疑大致已於正文中解釋明白（頁一七七）。但本人倒有一事不解：此公何不乾脆問我：「福爾摩沙因何有人居住？」此種妙問令人無從答起。但本人願就前問試作回答：希臘語文或許是出羅馬傳教士最初傳來福島，因福島古文獻中並無相關記載。但近代祭司與學者的著作中已不乏希臘文之字句與用典。

⑵本人在荷蘭及他處，也曾經歷同一質疑。因此，若非確知其爲事實，也不會在英國重提此事再遭質疑。凡固執不信此事的人士，本人只得奉勸其親往福島一遊，再與本人辯駁。

3 問：作者如何得以離開福爾摩沙？航海者爲何搭載其至呂宋（Luconia）？作者自言（頁二〇一），除非日皇欽命許可，福島人民一律禁止離境，豈不自相矛盾？

答：⑴本人但願無此一問。因爲此問迫使本人表明家父身分，而本人迄今一直刻意避諱涉及家父。實不相瞞，禁止出境的法律並不涵蓋欽命總督、邦主、福島總督、將官，以及其他富豪人士。因上述人士產業龐大，足以構成其不願離國的原因。家父亦屬此列，本人爲其合法繼承人，可自由往來於福島及菲律賓。況且本人之不願違背父旨有甚於懼怕日皇天顏。

⑵年少如本人者，一旦心生奇想，雖千萬人也阻止不得。再者，本人出遊若導致日皇震怒，家父必有良策求得日皇寬恩。

⑶航海者熟識本人。本人告以有家父要務在身待辦，航海者料想：若不遵命，或將招來殺身之禍。

⑷吾島慣例，僕人以遵從主命爲天職，斷無因從主命而受制裁者，即便觸犯國法亦然。故航海水手諸人絕不致因搭載本人至呂宋而受懲處。

4

問：海船水手航行過這麼遠的里程嗎（頁二〇七）？若不曾，其航海知識可能連三百海里之旅程都應付不了。

答：⑴本人所乘海船的水手確實並非絕佳航海能手，家父這班僕人也可能從未航往菲律賓。然而人員們攜有中國地圖，其精準度雖不及歐洲所製，已足敷航往鄰近海岸之用。

⑵如同福爾摩沙至日本一樣，從福島至呂宋，有諸多島嶼形成之一直線路程。除非領航者神智不清，在良好天候下絕不可能從此直線航路迷失。況且航海者自有外人所不知的其他觀測方法。

5

問：呂宋爲西班牙領地。西班牙爲天主教國，豈容日本或福爾摩沙之教外船隻靠港？

答：同行的狄羅德神父無需多慮，因他自知對方態度友善。狄羅德神父並向我保證當地人品行正直（頁一九九），故本人也毫不恐懼。本人相信狄羅德已先行告知對方有此行，他亦曾說明一向與東方的天主教徒大多均有魚雁往返。

6
問：作者自稱從果阿（Goa）航至直布羅陀（頁二〇二）。而果阿爲葡萄牙領地，直布羅陀隸屬西班牙，兩地並無商貿往來，作者之言可疑。

答：⑴即便兩地分屬不同國家，兩國既未交戰，船隻往來其間並無不當。

⑵熟知此類事物如一般旅行者之馮特奈神父，在與本人第三次晤談之時（見〈原序〉），曾問及本人來歐所取航道爲何，本人答以：果阿至直布羅陀。在座人士曾指兩地之間向無往來交通，馮氏卻說，兩地有交通的確屬實。爲此本人曾暗吃一驚，因爲原先預期馮氏會藉此指本人揑造，不料馮氏卻爲本人作證。

⑶本人所乘之船並未在直布羅陀卸貨，而是以他港爲目的地（頁二〇二）。該港地名本人不知，或已忘記，但本人估量目的地爲里斯本。果阿當地的耶穌會教士力勸船長使狄羅德與本人在直布羅陀登陸，以便轉往土倫（Thoulon），再至亞威農（Avignon）。

7
問：作者此次長途航行竟不知所乘船隻爲西班牙籍或葡萄牙籍，亦不知船長姓名，殊不可信。

答：⑴本人萬萬不料會被問及如此瑣屑細末，否則事先必詳記所見所聞之各項瑣事，以便解除如此吹毛求疵者之疑問。本人豈料會遭歐人指爲冒充，豈料歐人會指本人爲歐人而非福島人？吾師既已稱許之人，本人絕不可能無禮至詢問船隻國籍與船長名姓等瑣事的地步。

⑵彼時本人以爲歐羅巴洲乃一大帝國之名稱，如中國或日本，爲單一帝國。本人誤以爲西班牙、法蘭西、英格蘭等等均屬同一皇帝統治下之行省。此外，本人從來不知船隻也各有其名。再者，船長與船員等之言語，本人全然不懂。本人只與吾師交談，吾師也並未解說諸如此類之事。況且旅行全程之中，本人身體不適，無心留意身外雜務，一切聽從吾師指揮行事。立場公允之人若能設身處地，不難發現質疑者是存心尋隙。

8

問：作者謂暫停留果阿約六週，停留直布羅陀五週。然而，抵土倫時，卻對當地僧侶之奇特衣著表示驚異（頁二〇二、二〇三）。按果、直兩地均多各教派僧侶，作者應已習以爲常。

答：此問雖有理，但假設本人在果、直從未見過僧侶，在土倫乍見而以爲怪，當屬合理。本人抵直布羅陀時，身體極爲不適，故不曾四下走動遊覽。在果阿又逢耶穌會士熱誠接待於修院中，也無機會外出。質疑者豈可斷定本人先前在兩地已親睹且可辨識諸多修會僧人之衣著？如今本人既知天主教僧侶種類繁多，停留羅馬的五週之內，所見也不及其三分之一。本人記得曾在果阿見過耶穌會、多明我會（Dominican）、方濟各會（Franciscan）——此乃本人揣測——等教派僧侶。但初見嘉布遣會（Capuchin）、。奧古斯丁修會（Augustine）之修士，是在抵達土隆之後。而本人認爲裝束奇特者，實乃嘉、奧二修會。

9 **問**：作者以年輕之異教徒背景，怎會對聖餐變體論（譯註：彌撒中祝聖之酒與麵餅變爲基督寶血與身體）、聖體同體論（譯註：聖餐禮中祝聖之酒與麵餅即基督寶血與身體）、絕對得救預定論均發出有力辯駁？足見其有剽竊歐洲詭辯學大師之嫌。（頁二〇五至二〇七）

答：(1)此問與第一問出發點雷同，在於質疑者太過鄙視東方人之智能。其實一切理論最初均爲常人憑各自理解而建立，問者只需認定東方人與歐洲人天賦智能相等，便可相信東方人亦能自建理論。

(2)本人駁斥聖體同體論與絕對得救預定論之立論基礎，爲本人自敵對學派之論說自習得來。本人駁斥聖餐變體論之所有論點，均爲自行思考心得。其中僅有一點例外，爲本人偶然與他人談論所得，因此論點有力，故一併列入本書。譯者認爲此論點與蒂洛森大主教（John Tillotson, 1630-94）等人之學說相同，可能借用其文字以省卻翻譯工夫。讀者若懷疑本人抄襲，可查本人的拉丁文原作以求證。

10
問：作者指稱，亞威農的耶穌會教士曾出示宗教法庭裁判官之信函，警告作者於十至十五天內皈依基督教信仰，否則將移送其至宗教法庭（頁二一〇）。宗教法庭竟然管轄至異教徒，此乃向所未聞。況且作者爲外地人，無意居留亞威農。宗教法庭之制裁權不過是將之驅逐出境，此亦似乎爲作者所願。

答：本人已表明不知該信函是否屬僞造。然而，羅馬教宗既設宗教法庭裁判制，亦可輕易將其律條作不利於本人之解釋。本人料想耶穌會教士必從旁慫恿，意圖強逼本人皈依。若此信函屬僞造，顯見其意在威嚇本人就範。本人亦相信此即事實眞相。凡熟知耶穌會卑劣行徑之人士，必知其爲逞目的無所不用其極之作風。

11
問：作者既因異教徒之身分飽受煩擾，爲何又在安德納克（Andernach）貿然自承爲異教徒（頁二一五）？

答：本人雖知安德納克居民爲天主教徒，但亦確知宗教法庭之權限未及於該地，故本人無需恐懼。而且本人被強制從軍，起初深感退伍無望。本人既非隨機改變信仰之徒，便不願長久掩飾宗教信仰，故以表明身分爲上策。再者，軍中小隊長登記名冊時詢問本人姓名，以爲本人爲猶太教徒，本人予以否認，隊長道：「你不必多慮，可明說自己的宗教信仰。無論是何宗教，均可自由奉行。因本地許可宗教自由，戰時尤其寬容。」

本人因而全盤托出實情。

12 問：作者在安德納克、波昂、科隆等地行動自由。耶穌會教士既通訊往來世界各地，爲何不捉拿作者至亞威農歸案？

答：⑴耶穌會教士可能通訊遍及全世界。本人所到之處，狄羅德神父若預測本人會前往，也必備有書信寄來。但狄神父亦未料到本人行跡已達波昂或科隆，因此二地之耶穌會教士根本不識本人。

⑵即便耶穌會教士已知本人行蹤，也是無法可施。因本人已至異邦，不可能因在亞威農犯法而就逮。此外，本人先已指出，此地有宗教自由。再者，此地既無宗教法庭，耶穌會人士或其他人亦鞭長莫及。

13 問：作者描述之福爾福沙與他人所述均不相同，是否證明其所述不可全信，或皆爲虛誑？作者指福爾摩沙距日本二百里格（譯註：一里格約四．八公里），他人則指兩地相距一四或一五至一六里格。作者指福島距中國約六十里格，他人則確定兩地相距不過二十里格，或三十至三十五里格。作者指福島距呂宋一百里格，他人確知爲五十里格，或爲六十、八十里格。

答：⑴說法與本人不同者彼此也互異，可見各家說法之可疑不下於本人之記述。

⑵本人離福島之時並不經通經緯度之學，對於本人估計之福島至日本距離亦無精確把

握。本人所言或許有誤，因本人與狄羅德同行乃是初次離開福島，所知之路程遠近均是聽我國旅行者所言得知。

(3)歐羅巴人於算術方面亦有犯誤之時，遑論地理學識不及歐人之福島人。

(4)設若本人詢問英格蘭人：英法二國相距多遠？各人所答必不免有所出入，故吾福島人所知數字大小不一，亦情有可原。

(5)讀者應知，英人計里程之單位不同於法蘭西、義大利等諸國。無怪乎福島通用之巴伊克（Baikh）或里格單位也與貴國不同。按一巴伊克約等於一英哩半左右，福島人計算至日本之距離爲四百巴伊克，按本人換算，爲六百英哩。若以一巴伊克等於一英哩計算，則貴國地理學者與本人所述恰相同。巴伊克之長度究竟幾多，恕本人愚昧，不知如何以英語說明。

14 **問**：作者之歷史記述與別家所言之出入更大，足見其記述不實。

答：公正人士曾指出，此一問非但不能證明本人所言不實，反倒證明本人所言無誤。若某歐洲人士存心欺矇他人，而自稱爲福爾摩沙人或中國人，不妨閱讀康地丟斯等人作品，以免所說與此輩傳奇作者之論不符，而遭人指爲冒充。康地丟斯等人（本人已於原序中提及）指稱，福爾摩沙既無總督亦無律法云云，本人所述卻無一不與康輩之言相牴觸，所爲何來？康輩言稱福島人不識字，本人何苦自創全套字母語文，故意使人存疑？倘若有一葡萄牙人或西班牙人，或某皮膚黝黑者（一般人多認爲福島人膚色黝黑）遍讀他人記述吾福島之作品，於本人之前來到英國，再按他人書中揑造之言講述福島諸事，即便以謹慎明察自許之人，也不免爲其所騙。本人雖土生土長於福島，所說句句實言，仍難免遭人質疑。茲列舉其他作者之謬誤，請讀者斟酌判斷，還本人公道。

⑴讀者應注意，其他作者以及馮特奈神父等，將福爾摩沙與臺窩灣二地混淆爲一。兩地其實相距約十二英哩，且臺窩灣爲三小島集結而成。按荷蘭人之東方殖民記事所載，荷人抵福島之時與本人所述略同（頁五〇）。荷人又稱：「中國人抵福爾摩沙後，懷疑當地人與荷蘭人共謀對中國不利，於是將荷人逐離福島，荷人從此移居臺窩灣，在島上設堡壘多處。」按本人記述（見第一卷第二章），荷人殖民於福島之時，中國人懷征服福島之意圖而來，福島人於是求告荷蘭人相助。不料荷人言而無信，福島人奮力抗二敵，終於消滅荷人之大多數，並將其餘與中國人一併逐出。福島人既知荷蘭人背信忘義，荷人卻以種種藉口自圓其說。本人必須指出荷人言語自相矛盾之事實。如，荷人既說逃離福島後移居臺窩灣，卻於近期之《旅遊全集》（對開本，共四冊）之中將兩島混淆爲一地。如某處先說：「我等從菲律賓諸島抵臺窩灣。」隔不多久，又出現「我等從菲律賓返回福爾摩沙」之語句。類似之混淆

前後不下二十次。一位可敬的好友，留心遍讀所有提及福爾摩沙之作而有此發現，特意告知本人，建議本人舉此例為證。

(2)假設上述諸位人士之地理歷史記述無誤，假設臺窩灣與福爾摩沙為同一島嶼之不同名稱，則本人最嚴重之失誤不過在於未確知歐洲人對吾故鄉之名稱。本人坦承不敢確定是否誕生於他人所指之福爾摩沙，因本人初聞此地名乃是在抵歐之後。我故國人所說之「嘉德阿威亞」，中國人呼之為「北港多」，貴國稱之為福爾摩沙，而三名稱所指為同一地。吾師狄羅德神父（現已非吾師）告訴本人，三者確指同一地，此說當屬無誤。本人在亞威農期間，當地人多呼本人「福爾摩沙人」而不稱我日本人。質疑者若仍有異議，須待本人返故國以後再論。

15

問：莫里安大奴（Meryaandanoo）謀害皇帝查扎金（Chazadjin）之事（頁五一），僅莫一人所知，作者如何獲悉此事？

答：本人旨在陳述莫里安大奴如何登上皇位，如何令福島人大感意外，無需詳述莫皇生平事蹟。為答辯質疑起見，不得不說明莫氏招供認罪之始末。約在莫里安大奴登基十五年時，莫之諸皇子發動叛亂，莫氏被推翻後監禁於大老宮（Dairo's Palace），並於此罹患重病。莫要求會見帝國內諸王侯及總督。王侯公卿原聚集江戶（Yedo），討論選舉新人之事，因而一同轉赴京都（Meaco）。於是莫氏坦承為謀害先皇之兇手，自稱瀆褻上天，並且以所有宗教信仰爲兒戲，以致遭諸神降災禍之報應。莫自稱無顏苟活人世，當衆飲咖啡皿所盛之毒藥而死。

16 問：莫里安大奴之慘劇有諸多離奇之處，令人難以置信。

答：此問甚是荒唐。本人原不欲答辯，思及恰可藉此一談貴國一樁更加離奇之慘劇，故提出答辯。本人所指即是英王查理一世遭其子民大逆不道誣控、辱罵、謀殺之慘劇。倘若莫里安大奴之悲劇因離奇而不足以昭信於人，則世代以後遠方國度更無法相信查理一世無端遭弒之史實。

17 問：世間豈可能有年年以數千兒童爲祭祀牲品的野蠻迷信民族？（頁六五、六九）

答：(1)本性多疑的人士也許覺得此事不可能。而本人若非曾聽誠正人士證實確有此種風俗存於某些國度，絕不至輕易相信。其實，未受神啓信仰福佑之民族，只得仰賴其墮落無知之心性，甚而受陰惡祭司神棍欺騙，難免做出如此殘酷可怖之惡行。

(2)聖教歷史與俗世歷史中均不乏類似的先例。本人茲列舉如下：先知耶利米曾說（見《耶利米書》七：三一）：「他們在欣嫩子谷建築陀斐特的邱壇，好在火中焚燒自己的兒女。」如《使徒行傳》七：四三；如普魯塔克（Plutarch）之《羅馬名人傳》之八三；如優西比烏斯（Eusebius; 260-340）《基督教會史》冊四；如《利未記》十八：二一：「不可使你的兒女經火歸於摩洛。」既然最知書達禮的民族國家都不免存有此種野蠻風俗，吾福島同胞未蒙上帝啓示之恩，盲從祭司之濫權，其以殺人獻祭之酷行也就不足爲怪。

18

問：假設福爾摩沙人確有此野蠻風俗，康地丟斯爲何不曾提及？

答：本人於原序及他處一再駁斥康氏，當足以證明其所言不實。在此不妨舉另一殘酷風俗爲例——此乃康氏誣指吾福島通行之習俗，以證明康氏所述更爲殘酷荒誕，卻有人信其假爲眞，指本人所言之事實爲假。按康氏記述：年齡不及三十七歲之婦女，若懷有身孕，必須延請「女祭司」——康氏認爲男人不能擔任神職——前來。「女祭司」即令孕婦臥於獸皮之上，再登上孕婦腹部用力跳踏，直至孕婦小產爲止。按康氏述：一六二八年間，一福島婦人告訴康氏，她已被踏腹小產十五次之多，此次懷孕已是第十七胎，因年齡已屆三十八歲，希望此胎可足月分娩。

本人不禁要請教列位，此種習俗是否較殺人獻祭更爲野蠻，且對國家危害更大？康氏亦說此習俗已導致許多孕婦喪命。即便人口衆多之國家，若沿用此習俗，不出幾年，人口勢必絕滅。氣候炎熱如福島者，女子生育年齡更早，果眞行此惡風，人口必已所剩無幾。按本人忖度，三十八歲以上之福島婦女幾無懷孕生育者，能消受猛力踐踏至流產十五、六次之婦女更屬絕無僅有。此外，此舉殘害之胎兒男女均有，故多配偶制亦不足以補救其損耗。

康氏所述儘管漏洞百出，本人未曾撰書而予以駁斥之前，康作仍得以取信於大衆，本人所述殺人獻祭之事實卻遭質疑，豈不怪哉？

19

問： 即便殺人獻祭之事時有所聞（雖然十分罕見），但若如作者所述（頁六九）每年犧牲一萬八千名少男的習俗，短期內豈不足以使福島人口滅絕？

答： ⑴本人在（頁六六至六八）已有詳實說明。讀者應注意，雖法律規定應牲祭之人數，國人並未年年獻足此數。

⑵福島許可一夫多妻（頁八六），故可子孫源源不絕。假設某一條街上共出生男女嬰各八十人，若男童有六十人被殺獻祭，仍餘二十人，可與該八十名女子婚配。此八十位女子所生之子女，必不少於禁止一夫多妻之國度內八十名婦女生育之數。

⑶少男多於年幼時便犧牲，幾無成長至二十一歲者。

⑷茲提醒讀者，貴國每年亦有大量適婚年齡之男子遠行至東、西印度群島，至葡萄牙、義大利、德國、荷蘭諸地。每年喪命者是否比福島獻祭之人數爲多？福島人口絕滅之慮似不及英國緊迫，蓋人人皆知英境之婦女人數已爲男子之四倍。

20

問： 若一夫多妻制可使一國人口速增，爲何土耳其人口並不多於他國（按比例計算）？

答： 按土耳其及他國之男女出生率相等。因此故，若某一土耳其男子擁有妻妾三十人，必有二十九名男子無偶可配，對土國人口數目之影響，不下於將二十九名男子獻祭犧牲之後果。此外，擁有三十名妻妾之男子未必年年可生育三十名子女，而擁有妻妾六至八人的福島男子極可能每年生育六至八名子女。

21

問：作者於第八章論宗教時指出，福島人需將一年劃分爲月、週、日的單位，於第四章言及牲祭少年之數目。以上皆載於其《甲爾哈巴底翁德》（*Jarhabadiond*）之中。然作者又於第八章中指出，荷蘭人未至福島以前，福人不知數字爲何。則《甲》所載之數字由何而來？

答：⑴福島雖無「數字」一詞，在荷人未來之前已有用某種符號記數目之方法。此類符號雖不是數字，卻與貴國牛乳婦使用之劃符法同樣有計算功能。

⑵本人文中已說明，福島人交談時以手指比劃表達數目，並有文字表明手指之比劃法。較大數目則藉石子表示，或於紙上記點表示之。福島某些貴族因與中國人交往而學會其象形文字。諸如此類均爲福島之算數法。

22

問：作者指日本人製作之彎刀鋒利無比，可一揮而斷巨樹（第一卷第三十三章）。此說未免失眞，抑或譯者會錯意？

答：此問尙屬善意。原文語氣或過重，但此乃一切語文修辭許可之「誇張語法」。本人拉丁文原句爲 Gladios faciunt qui arborem mediocriter magnam uno ictu abscindere possunt，譯者既精通拉丁語而有此謬誤，本人甚是不解。

23問：倘若黃金確如作者所言價賤（第一卷第三十二章），貿商何不予以大量出口？

答：⑴本人並非皇帝之諮議官，故不敢冒然解說不得大量出口黃金之究理。據本人聽貿商所說，攜黃金至中國雖需負貢金，仍值回代價。然黃金在中國仍比在歐洲價賤。

⑵福島有些宮殿建築覆滿金飾，故可知黃金甚豐。東方王侯雖以自負浮誇聞名於世，若非黃金價賤於其他金屬，當不至於用黃金造屋。

⑶本人初來英格蘭時，並不知貴國之幣值，故無從解說黃金在福島之賤價。本人以手稿示某先生時，某先生推介瓦列尼亞斯（Varenius）記述日本之作，其中某章詳述日幣與歐幣之值比。本人以爲其說法可靠，故借用之。若其說法有誤，本人概不負責。

24問：按作者所述，福爾摩沙之船隻等，均未經精確核算之標準製造（頁一五七），豈能在海上安全航行？

答：⑴福島所製船隻或許不宜航海，但我等亦曾藉以完成至中國、日本、菲律賓群島之短程旅行。行駛時必須緊靠沿岸，海象一旦有變，立刻轉入任何小港灣避難。

⑵本人無意爲造船之方式規格多辯。本人對數學一無所知，只能就記憶所及描述船隻之尺寸。精確核算乃數學家之本業，恕本人藏拙。

25問：作者若決心奉行基督教，爲何再提返故鄉之語？一旦返回，豈不必須放棄信仰，甚至遭受極刑（頁五七、一八三）。

答：⑴本人雖有許多理由可答，但不宜公開發表。本人願私下一一答覆英國國教信徒之疑問。

⑵人有所問，本人應按其所問之意坦然回答。故本人回答之先，提醒讀者銘記福島人如何對基督教徒仇恨日甚。自大舉鎮壓教士以來，福島人完全忘懷耶穌會教士宣講之良言美德，只知痛恨其詭計、欺詐，以及其滅盡異教徒之陰謀（此乃教士再三以行動造成之印象）。因此，福島人心目中之基督教徒，乃是膜拜十字架及其他偶像者，造出神再將之吃掉，以一位教士爲其教會至尊領袖，依其教義要求而發誓將不服從此領袖者趕盡殺絕。本人請教讀者，返福島後本人敢不否認自己是此種基督教徒乎？甚而踐踏十字架以爲證（頁一八四）？

重要之質疑，本人至此已全部答辯完畢。其餘次要者，本人將於書中各相關章節中論之，以免序文太過瑣碎。以上所答，讀者若認爲尚欠完備，可親來指教，或致函本人或經銷書商轉交，本人感激不盡，必儘速答覆。

另有一事必須在此說明，即有關本人與牛津大學數學教授哈雷船長晤面經過，因此事已有多人談論（譯註：Edmund Halley，推算哈雷彗星之天文學家）。

本人有幸約於一年前於某酒館與哈雷船長及另一先生相遇。兩人照例問本人有關福島之事物，本人均據實回答。末了，哈氏問：福爾摩沙是否日光自煙囪直射而下？本人答否。兩位先生均表訝異，因多數地理學者指吾福島位於北回歸線。本人解釋，即便福島正在線上，陽光亦不可能自煙囪直射而下。因福島煙囪並非直立，屋內排煙經過牆內的彎曲煙管而出，煙管末端直立向上，以便送煙至空中。

哈雷船長繼而問：請問你於最炎熱天候中直立時，影子形狀如何？本人答：非常短，幾乎不易看見。最後一個問題是：福爾摩沙之曙暮光有多長？起初本人不理解所問為何，因本人英語尚生疏。哈解釋之後，本人答：從未留意過，因本人未來歐洲以前並不知有以日夜劃分時光之事。以上即本人與哈氏晤面交談之全部內容，他人若有增添均屬揑造。

對於本書之法文譯本，亦有必須澄清之處。譯者冒稱擁有本人拉丁文原作備忘錄，乃是欺世之言。法譯者顯然是以英譯初版本為大綱，卻極不忠於原著，故法譯本謬誤甚多。本人理當提醒讀者留心，但序文佔據篇幅已太多，就此打住。

第一卷

第一章 地理概況

當地居民稱福爾摩沙島爲「嘉德阿威亞」（Gad-Avia）；「嘉德」意爲美麗，「阿威亞」即島嶼。中國人則稱之爲「北港多」（Pac-Ando），意義相同；「北港」指美麗，「多」指島嶼。不論就地勢之便利、空氣之舒爽、土地之肥沃、溪流河川之奇美有益、金銀礦產之豐富而論，都是亞洲最怡人優秀的島嶼之一。其他島嶼欠缺的優點本島都具備，他島之特長本島也不缺。

福爾摩沙與日本，是迄今所知地理位置最東方之地，因此也是最早日出的國度。福爾摩沙之北爲日本，相距約二百里格（league）；西北爲中國，相距約六十里格；南有呂宋（Luconia），相距約一百里格。

福爾摩沙島南北全長約七十里格，東西寬十五里格，周長約一三〇里格。福爾摩沙共有五座島；兩座名爲阿威亞．多斯．拉多諾斯（Avias dos Ladonos），即「盜賊島」；一座名爲大蓋利（Great Gyry），或大佩莪科（Great Peorko），一座叫作小阿濟（Little Adgy）或小佩莪科（Little Peorko），另一座即是位居中央的最大島卡波斯基（Kaboski）；其長度爲十七里格，寬度十五里格。嚴格說來，卡島即嘉德阿威亞，亦即福爾摩沙，其他四島各有名稱，爲便於識別，統稱福爾摩沙。本書亦以此稱之。

福爾摩沙多雷擊、地震、暴風雨、冰雹，天災時常導致嚴重損失。地震強得足以震垮房屋，暴風多在夏天酷熱三十或四十天後發生。冬季風自日本颳來，鋒利而寒冷，但強度不如夏季。除冬季以外甚少降雨，雨季僅三個月。冬季無冰雪，但寒雨厲風亦難耐。夏季炎熱，島民必須移居地穴。

我不懂數學，不敢斷言福爾摩沙的正確緯度。歐洲地理學家對此也沒有一致定論，多數人指在北回歸線上。此說或許有理，因爲仲夏時節太陽的確是直射此地。然而，地理學家說福爾摩沙的緯度是二十三，日本爲三十，捷卓（Jetzo）爲四十與四十五，必然有誤。因爲福島氣候和義大利頗相似，而日本某些地方與英格蘭一樣寒冷，捷卓更是酷寒而不宜居住。捷卓與某些人口衆多的國度位在同一子午線上——其中有些國家的緯度爲七十至八十——不知爲何如此寒冷。這些疑問既非本人所能解決，就暫且不談。

第二章　歷史大事

翻開福爾摩沙二百五十年前的編年記，可知當時爲帝制政府。國王治國借重人民代表，每個城鎮村各選二或三人，每兩年改選。福島語稱國王爲巴嘎羅（Bagalo），國王之下有總督，五島各設一位。總督聽命於國王，行政上對國王負責。福島語稱總督爲它諾（Tano）。

約兩百年前，韃靼皇帝舉兵入侵，統治福島歷三朝之久。第三任韃靼皇帝是嚴苛的暴君，對島民十分殘酷，以島民獻祭兒童爲事由，陰謀剷除福島固有宗教，強迫島民奉伊斯蘭教（Mahometan Religion）。島民憤而不服，終於團結一致抗暴，推翻韃靼皇帝派任的行政官。經過血腥戰役，將占領福島長達七十年的韃靼人全部逐出，擁立先輩國王的子嗣。福島於是成爲自主獨立之國，不受其他小邦之約束，爲時約七十年。

在此期間，歐洲人——即荷蘭人與英國人——前來，與島民進行大量貿易，其中又以大佩莪科島貿易最活絡。荷蘭人並在大佩莪科建城堡，名爲臺窩灣（Tyowan）。同時，中國人企圖征服福島，卻遭島人抵抗。福島人爲悍衛本土，與中國人戰爭多年，終於將中國人逐離。

此時福島人發現，荷蘭人並未信守與福人合力抵抗中國之承諾，反而暗中協助中國征伐福島，並且陰謀奪取福島據爲己有。於是荷蘭人也被驅逐，不得再回福島，其臺窩灣城也被拆毀。

荷蘭人辯稱因恐遭中國人與福島人驅逐，所以不得不多加提防以求自保。福島人不理會這些說詞，荷蘭人只得移居另一座名爲托耀灣（Toycwaan）的小島——該島距福爾摩沙約三至四里格，後來又遭中國人驅逐。日本皇帝取得福島以後，荷蘭人（藉花言巧語之承諾）又獲准登上福島，但只許作短時間停留，且需受軍方監視。荷蘭人重返之後，其意圖若可以在福島得逞，便安分於此。福島不能滿足其所需時，荷蘭人便續向日本伸展，到達長崎島——此地是唯一許可荷蘭人進入之地，見以下說明。

經歷以上戰亂之後，福爾摩沙仍舊保持獨立自主，直到莫里安大奴（Meryaandanoo）強奪日本皇位並征服福島爲止。其奪取皇位之手段殘酷血腥，其征服福島之詭計則是荒誕無稽至極。這兩大事件福島史書都有記載。曾親身經歷此事的人士至今仍有在世者，故福島人都相信其爲事實。家父經歷此事時年紀已過二十歲，如今則是七十三歲之人了。

莫里安大奴本是中國人，年輕時便來到日本，經某要人提拔，進入皇帝查扎金（Chazadjin）宮中做賤役。工作一段時日後，他也受了一些教育，皇帝見他爲人伶俐，可以重用，便安插他至軍中服務。因他表現出色，很快就升了官。他工作勤奮，竭力博取皇帝歡心，在軍中官階一路攀昇，終於做到了「大卡里爾漢」（Great Carilhan），即皇家軍隊首將，成爲國內名位最高，職權最大的人。

莫里安大奴爲官謹愼而賣力，不但極受皇帝寵信，也因舉止溫文有禮獲得皇后倚重。由於他善於甜言蜜語，皇后對他十分親近，甚至常常私下於燕居時接見他，這在日本是極不尋常的事，尤其是以皇后之尊。

莫氏蒙皇帝后雙雙寵信，卻忘恩負義，利用皇后與他的親近關係，以及皇帝后兩人的信任，要挑撥皇帝對皇后生妒，再藉此殺死帝后。他的計謀是：先使皇帝相信皇后與某貴族有私情，常在花園與此人幽會。皇帝大怒之下，命令莫里安大奴去打聽皇后與該貴族——他其實是冤枉的——幽會的地點時間。皇帝說：「一打聽出來，立刻回報，朕絕不放過他們，要他們依法受死。」

莫里安大奴口稱遵命，隨即跑到王后這兒，憑皇后一向對他深信不疑，就請求皇后於當天找個時間和他在花園會面。皇后毫不懷疑，指明可在某時在花園某處相見，他便回報皇帝，說某貴族將於某時某地私會皇后。皇帝於是下令禁衛軍準備逮人，莫里安大奴卻去換了衣服，遮掩著面孔，以免被皇帝看出，依約定時間去會皇后。見了皇后，他卻以有劇毒的短劍刺死皇后，再設法止住大量湧出的鮮血。此時皇帝也獨自來到花園，他令衛兵暫候一旁，以防打草驚蛇。皇帝隔著一段距離，只見莫氏假扮的某貴族正以極爲不雅的姿勢趴在皇后身上，便向前走去。身手矯捷的莫里安大奴早已準備好，乘皇帝還來不及呼召衛兵之際，用毒劍刺中皇帝要害，然後立即從無人走過的樹林叢草中盡速逃逸。

衛兵趕來，發現皇帝皇后雙雙被殺，驚得不知所措，因爲片刻前才聽見皇帝召喚，此刻就只見皇帝屍首，兇手卻不知去向。有的衛兵表現哀悼之意，有的就到花園和樹林中去搜尋兇手。遍找而不得時，兵士們開始鼓噪，幸好衛隊長出來安撫人心，主張先報與大卡爾里漢知道。於是一小隊人立刻趕到卡里爾漢府（莫氏此時已經逃回府），莫氏聽了衛兵報告，又驚又惱，好像全然不曉得此事發生的樣子。但他明白必須當機立斷，便趕到現場，看了皇帝皇后的屍體，嘆氣流淚，爲兩位高貴善良之人的逝世表示無限悲痛。然後他宣稱兇手是某貴族，因爲他確知此人常和皇后私下會面，而且約定當天就要和皇后相會。

禁衛聽了他說的話，精神爲之一振，馬上要爲皇帝報仇。於是在眞兇手的命令之下，逮了這名貴族將他斬首。莫里安大奴陰謀得逞，進而想要登位稱帝。但軍中有人反對，因爲有意擁立查扎金之子，而皇子並非皇后嫡出，均爲妃子所生，許多小派系於是爲皇位爭執不下。但由於莫氏事先已安排自己的黨人支持，又廣受軍人愛戴，終於被推舉爲日本皇帝，達到其邪惡殘酷陰謀之最終目的。

繼位約兩年後，莫氏開始裝病。爲了祈求康復，他向日本諸神獻牲祭無數次，病情卻毫無起色。他於是宣稱，日本神明既然似乎無力或不願解除他的病痛，他不得不求告別國的神明。因此他派了一名專使帶信給福爾摩沙國王，請福王允許他送牲品來獻給福島的神，祈求福島神明治好他的病——他已獻上一萬次牲祭給日本神卻枉然云云。

信的內容如下（家父存有此信副本）：

吾友福爾摩沙國王英鑒：

寡人久患重疾，雖祭告吾國神明求賜痊癒，皆徒勞無益。寡人不知是否觸犯諸神，抑或神明亦無能為力。寡人一向敬仰貴國之神，篤信其神威與慈悲，故望足下首肯寡人遣使獻上牲祭，以求康復。倘貴國神明哂納祭品而賜恩，寡人勢將於日本全境及所屬各地積極推行貴國之宗教，以貴國之神為我國之神。我國亦將與貴國結為友誼之邦而不渝。

即祝

大安

莫里安大奴 謹啓

覆函請交來使。

福爾摩沙國王接到此信，便召集祭司，說明來信內容，命令祭司們去祈問神明，是否應該同意日本皇帝的請求。祭司們以為日本人帶祭品來必然有利可圖，就稟告國王說：神已准許日皇獻牲祭，但並未應允一定使日皇康復。福王於是召見日本使者，答覆道：本人謹向日皇致意，轉告日皇，我國之神以及寡人已同意日皇派人來獻祭，倘若我國之神使日皇康復，還望日皇履行其在日境推廣我國宗教的承諾。

使者回日本稟報了福爾摩沙國王的答覆，日皇大喜，曉得詭計成功了。於是下令備戰，將軍人載入由大象馱的轎籠裡，每籠裝三十至四十人，爲提防福島人起疑，在轎籠窗口安置牛或羊隻，再利用「浮行村」運轎籠。（後文論及運輸時將詳述何謂「浮行村」。）

大軍用僞裝方式運輸之外，許多貴族朝臣也以獻祭祈恩爲由渡海前來，陰謀征服福島。日本人安抵之後，將轎籠移下，分爲三批，運往首都澤特尼特撒（Xternetsa），以及賓諾（Bigno）與哈德杰（Khadzey）兩大城。到了預定時間，在三地同時開轎籠發動攻勢，令福島人向日本皇帝投降，否則要處死其國王，並將三城居民殺盡。國王自知難逃一死，而且縱使他自己殉國，亦無益於保持國家自主獨立，因此決定寧可向臨頭的人難屈服，也不白白犧牲生命。突遭無妄之災的人民，也都以國王爲榜樣，於是福爾摩沙未經流血便迅速向日本投降了。

自那時起，日皇就另派一位「它諾安宮」（Tano Angon）治理福爾摩沙，它諾安宮即指「監管邦主」。福島原來的國王降爲「巴嘎郎德羅」（Bagalandro），即欽命總督，地位次於監管邦主，非得日皇授權不得任意行事。福島便如此被莫里安大奴的卑劣詭計所騙而向日稱臣。莫氏假稱向福島神明獻祭，其實不惜犧牲福島人生命，幸虧福島人自願投降，才免於災禍。

下章將述福島的治理形態，大致已與現今日本其他島嶼定制相仿。

第三章　治國律法

莫里安大奴稱帝於日本與福爾摩沙之後，頒布了監管邦主應守的新法律，與規範臣民的舊法條一併嚴格實施。

第一條法律是有關臣屬邦主的，總共計有二十五位（這並不包括八位只具有欽命總督或巴嘎郎德羅資格者），另有六十二位具監管邦主身分的王侯。上述邦主每年須謁見皇帝兩次，報告各自治理的政務，以及半年內邦內發生的大事。皇帝若有什麼指示，也於此時囑咐。

第二條法律是，邦主未經稟報皇帝，一律不得踰越皇帝授予之權限。若有緊急情況，邦主可權衡便通。

第三條法律是，邦主不得傷害人民，不可以不公、殘酷方式對待人民，不可無緣無故處罰、誣蔑人民，或剝奪人民財物。這條法律博得人民對莫里安大奴之愛戴。

第四條是，邦主不可容許基督教徒居於境內，必須派人員在各海港檢查搜索，凡外國人抵境，即令其踐踏十字架，以測試其是否為基督徒。這個測試法是針對天主教信徒設計的，因爲他們膜拜十字架，故必不敢踐踏。能踐踏十字架的外國人，准許自由通行於各城市，但以不超過二十人爲限。

末一條是，邦主不可勒禁或強迫信奉任何宗教，人民有信仰崇拜之自由，但基督教不在此例。一旦有奉基督教者被查出，將以前述的測試法試之。以上諸法，凡邦主、欽命總督、王侯等有觸犯者，將處以死刑。邦主等因此無不切實遵行皇帝之命令。

莫里安大奴末頒管制人民的新法，只恢復了自然法與古法，依罪行之輕重按新定的刑責處置。

第一條是處罰基督教徒的。凡外國人被發現是基督教徒，或外國人曾引誘或試圖引誘本邦人去信基督教者，將被下獄，受引誘者也一併監禁。外國基督教徒若願意唾棄基督教而崇拜偶像，不但可赦其罪，而且可獲發給生活津貼。若堅決不肯者，將被活活燒死。至於遭引誘的本邦人，若願意回歸拜偶教，便可獲釋出獄；若不肯，就要受絞刑。此外，奉基督教的外地人來經商或從事其他行業者，若肯放棄基督教信仰，便可繼續從事其行業，並自由離境；若不肯放棄，將被釘十字架。

第二條是處罰謀殺、偷盜、搶劫等罪的。凡無端殺人者，處以頭朝下兩脚懸空吊起——按罪行輕重定吊刑的時間長或短，然後用箭射死。同時犯強盜與殺人罪者，處以釘十字架。盜賊按其罪行之輕重不同，處以絞刑、長期監禁、鞭笞、罰金。

第三條法律處罰通姦罪。初犯者科罰一百小判（copan）——一小判即重達一磅之黃金。無力付罰金者，由行刑人當衆鞭打之。再犯者，不論男女均處死刑。男子雖可依個人財力任娶妻妾（見後文）多人，若與妻妾以外之女子發生肉體關係，仍屬通姦罪。未婚者通姦刑罰相同。但此法不適用於外國人——本邦人慣以處女或娼妓供其娛樂，不必因此受罰。

第四條法律是，勾結他人以僞證不利於任何人者，作僞證與教唆者都處以割舌刑，並按其僞證造成之損害再加以處罰。

第五條，凡瀆褻本邦神明者，活活燒死。

第六條，爲人子女者若動手打父母親、年長親屬或權位較高者，處以斷手斷腿刑，並以巨石縛其頸項投入海中或河川。若擊打祭司，雙臂先受火焚，再將其肢體活埋。攻擊邦主、總督、行政官者，處以雙腳懸空吊起至氣絕爲止，再由四頭縶於其身體的狗扯碎其屍體。

第七條，辱罵或誹謗他人者，以烙紅之鐵貫穿其舌。尊長指示做合法之事而不予服從者，處以斬首。

第八條，圖謀或涉及反叛皇帝或邦主，或圖謀顚覆固有宗教信仰者，將受一切酷刑折磨。

上述法律，都是莫里安大奴於登基第四年，召集所有邦主及各城市大祭司於一堂時頒布的。由於人民願意遵守，總督官吏們謹愼執行，這些法律使境內居民得享安寧。

我差點忘了，另有一條關乎夫婦的法律。即丈夫有決定妻子生死之權，也就是說，丈夫有權處死罪有應得的妻子或寬赦妻子的罪過。但如果妻子的罪行已經爲衆人所知，丈夫必須殺而無赦，以對其他爲人妻者發生警示作用。丈夫依法可殺妻的罪名包括：陰謀對丈夫不利、謀殺子女、通姦等。其實這條法律在莫里安大奴繼位之前就有了，而且丈夫壓制審判妻子的事實並非日本和福爾摩沙僅有，乃是東方所有國度的常態。

本章主要記述莫里安大奴統御各邦主及人民的法律，有關政府職權的詳細結構，將分述下文各章節中。

第四章 宗教信仰

本人應以福爾摩沙人的宗教信仰爲主題，但在此也將略談日本的宗教信仰（聽聞常來福爾摩沙之日本人所述而得），以便讀者比較其類似之處。日本宗教可分爲三類：第一類是偶像崇拜，這類信仰最爲盛行。日本歷代皇帝都崇拜偶像，其合法繼承人「大老」(Dairo)——或稱大祭司，以及大多數邦主、王侯等也都是拜偶信徒。京都（Meaco）市內的阿彌陀（Amida）神殿裡，供有三千五百多座偶像，其中金質的有一千座，銀質的一千座，銅質的一千座，其他的是石刻的或木雕的。獻給偶神的牲祭包括公牛、公羊、山羊，以及其他獸類。這些他們想像出來的神，若是對上述牲祭仍感到不滿意，信徒便會獻兒童爲祭品。被崇拜的這些偶像都是日本歷史上的名人，有些是先知——「立法者」，如阿彌陀、釋迦(Xaka)、納言(Nakon)、神服部（Cambadoxy）等等。有些偶神是前代的皇帝、國王、大將，因爲有豐功偉業而被崇爲神。另有一些偶神原是苦修的祭司，在長期禁慾的生活之後，以投水、上吊或其他方式結束生命，他們自裁的用具與他們的肖像和生平事蹟，都懸掛在神殿裡。

第二類信仰至尊神的存在，但信徒認爲祂太崇高偉大，一般牲獻不配獻在祂面前，所以不敢直接膜拜他，唯恐冒犯祂的威儀，轉而膜拜太陽，相信至尊神造了太陽來統治世界。他們也相信月亮和星辰也管理地上之事（但能力次於太陽），因此有時候會獻嬰兒拜祭太陽，卻只獻牲獸祭月亮和星辰。

第三類宗教信仰傾向於無神論，這類教徒膽大無知到不信有神存在的地步，聲稱世界不是被創造的，所以也不會毀滅。其中有一部分人相信可能有神，但不能證明確有，因此不必去膜拜。他們還說：「如果有神，必定是非常慈善的神，所以我們不必怕祂，祂也不會干擾我們。我們倒該去討好魔鬼，以免他來爲患。」因此這一派人只對魔鬼惡靈崇拜獻祭。

三類宗教崇拜又各分爲許多派別。第一類的派別最多，倒不是因爲立法先知留下的著述令人難懂所致，而是因爲有關立法先知的紀錄太少，信徒們爲諸位先知的地位尊卑問題爭執不休。有人主張阿彌陀最偉大，有人擁護釋迦爲第一位，也有人認爲既然都是神，不必有高下之分。

第二類信仰也一樣各分派別，但在此不必多述。

至於第三類的無神信仰，有些人認爲人類和畜牲一樣，死後並沒有靈魂。有人認爲靈魂不朽，會從一個肉身轉至另一個肉身，持續至永遠。日本宗教信仰大致情形如此，現在言歸正傳，來談福爾摩沙的宗教。

福島人的宗教，據兩位立法先知所稱，是神啓示而來的。其由來記載於一部叫作《甲爾哈巴底翁德》(*Jarhabadiond*) 的書中，義爲「大地之揀選」。「甲爾哈爾」(Jarhaar) 意指「選中的」，「巴底」(Bady) 意指「國度」。按書中的記述，約九百年前，福爾摩沙人不知有神，只知崇拜太陽和月亮爲至高神，以星辰爲次級神 (Semidei)。早晚獻牲獸祭拜。福島人相信魔鬼是以酷行爲樂的惡靈，所以也拜魔鬼，以免受災殃。

後來，有兩位曾在荒野苦修禁慾的先知出現了。他們說，神對他倆顯靈，告訴他倆說：「福人盲目崇拜日月星辰，不知有至尊造物主，吾神不悅。爾即告福人，吾乃日月、星辰、天、地、海之主。吾神以日月及十星辰統治塵世萬物，日月星辰因吾神而得存在。爾即告衆人，神已顯靈，並指示衆人崇拜，建廟宇。吾神將至廟中顯現，應許崇拜尊仰吾神之人來生永享福恩。」

這兩位先知者的名字是吉洛阿博阿白爾 (Zeroaboabel)，以及綽爾克馬克眞 (Chorke-Makejn)，後者在日語中意爲「造物主之宣告」。這兩人自稱神對他們言語，便來到首都附近人們齊聚拜祭太陽的它那里歐山 (Tanalio)，對群衆言道：「盲目的人們啊，你們只知膜拜星辰，卻不知星辰之上的那位神。這位創造日月星辰與天地萬物的神如今垂憐你們，命令我二人帶來神降啓示。」接著兩人又闡述了許多道理，證明有這樣一位駕凌一切之上的至高之神。群衆聽了此話都心動了，要求兩人再講神的究竟，可否以拜太陽的方式來拜這位神。兩人答說不可，人們若想按神的旨意崇拜，就該先建起廟宇，在廟裡設神龕、祭壇，再在祭壇上獻祭兩萬名九歲以下男童的心臟。遵行以上程序之後，神便會在神龕中顯現，指示大家如何來奉行祂的旨意。群衆嘩然，高喊這兩位先知是騙子，憤憤地質問：怎會有命令人殺死兒子獻祭的殘酷神祇？兩位先知於是又逃回荒野去，臨走之前留下警告：「我們已經說了神指示我們轉告你們的話，你們若不相信，不聽從神意，很快就會遭到天譴。」

話音甫落，天色隨即變黑，接著降下大雨和冰雹雷電，毀壞了農作。好幾個地方發生強烈地震，空氣變得污濁，大量島民暴斃，野獸湧入市鎮，衝進民房呑噬孩童。這可怕的災難歷時一天半，全島人民感到命在旦夕，不知所措之餘，集體登上它那里歐山，向兩位先知認錯，並且急切地呼喊這兩人所說的這一位神，祈求祂恕罪；只要能逃過劫難，從今以後一切都遵照神的旨意。

群衆祈求了許久，神終於派遣了另一位先知，來宣告神與人將恢復和平友好，因此這位先知被稱爲「撒瑪納札」（Psalmanaazaar），意爲「創造和平者」。先知帶來大好訊息之後，便指示人們建廟宇，設祭壇和神龕。再獻祭公牛一百頭、公羊一百頭、山羊一百頭，並取兩萬名九歲以下男童的心臟在祭壇上燒化，使神蹟顯現。

廟宇以四方形石頭按一確定模型造成，既高且廣，是全島最精美的一座建築物。面朝東的塔樓設有神龕及祭壇，是神顯靈之處。全廟是按先知撒瑪納札的指示而建（見下頁附圖）。

廟宇

A.神龕塔，神顯現之處　B.歌詠樂師塔，以安置歌詠者與樂隊　C.窗樓，輸送光線的天窗　D.牛頭像，爲神的象徵物　E.太陽塑形　F.月亮塑形　G.廟宇正門　H.窗戶　I.以黃金覆蓋之部分　K.男信眾席　L.女信眾席

廟宇的祭壇

1.懸於神龕之上的王冠　2.牛頭，乃神之象徵物　3.設有五盞燈的神龕頂層　4.塑有太陽之小金字塔　5.塑有月亮的小金字塔　6.崇拜太陽之燈　7.崇拜月亮之燈　8.平時遮蔽神龕室的簾幕　9.飾有天空色與金星辰的神龕壁，以代表神顯現的穹蒼　10.顯現給信徒看的神，以公牛象徵　11.敬拜神的兩盞燈12.崇拜十星辰的兩座金字塔（以上均爲黃金或銀製成）　13.供燒男童心臟的烙架　14.燒心臟的火爐　15.兩管排煙的煙囪　16.煮牲品肉的鍋　17.煮鍋下的火爐　18.內殿，屠殺男童的地點　19.放置男童屍體和血的大池　20.殺獻祭牲畜的地點　21.大理石製的爐檯　22.祭壇狀的石製鍋爐台　23.火爐排的煙　24.圓形屋頂　25.牆壁第一座神廟建於首都澤特尼特撒，其中設有神龕。神廟建好之後，全島各市鎮鄉村的行政長官統計各戶人家的男丁數目，再決定祭神需徵用的男童。一切準備就緒，便展開為期十天的祭禮節，每天獻祭兩千名嬰兒。十天節日結束，牲祭全部獻完，這位新神開始以公牛形象顯現，指示信徒和撒瑪納札應如何如何敬拜祂。

《甲爾哈巴底翁德》的第一卷記述至此，請讀者自行推敲其眞僞。讀者諸君若認爲這是祭司們編造出來的故事，灌輸給無知的民衆，藉宗教之力暗中控制人心，本人亦表認同。

《甲》書的第二卷的卷首，即是神授與撒瑪納札的旨意：「汝應令使人們將一年劃分爲十月，按十星辰予以命名，依次爲蒂格（Dig）、大曼（Damen）、阿那曼（Analmen）、阿尼吾（Anioul）、大替比斯（Dattibes）、大比斯（Dabes）、阿奈柏（Anaber）、奈臣姆（Nechem）、寇里安（Koriam）、土爾班（Turbam）。每月含四星期；有五個月爲三十七天——即一、三、五、七、九月，另五個月則爲三十六天。每星期爲九天，凡有三十七天之月份，其末一星期爲十天——第十日均定爲齋日。」

「今日即定爲一年之始，亦即蒂格月的首日，於是日牲祭九歲以下男童二萬名。今後每年此日只需牲祭一萬八千名男童之心臟。每月首日應於各地神廟獻祭牲畜一千頭，含牛三百、羊四百、小牛小羊共三百。每星期都要獻祭各種禽類。各城區應恪遵各自獻祭之務。」

本人在序文裡曾說明，雖有每年大量獻祭孩童的習俗，卻不致如歐洲人想像使人口減少。

此外，儘管法律規定每年獻祭這麼多兒童，祭司卻未必獻滿這個數額。因為這件事是交由祭司全權處理，他們若只獻祭一千人，衆人也會以為他們獻足了兩萬人。且因為非神職人員不得過問這類事務，否則會被處以不信神的重罪——用火燒死。就我記憶所及，祭司們也從不苛求人民將所有兒子都獻祭。再者，只要以鉅款行賄祭司長或主獻祭官，就可輕而易舉保住愛兒性命。我本人便是一個實例。

我父親與元配一共生了三個兒子，我是最年幼的。我大哥依法可以免於被獻為祭品，我二哥才一歲半時便被挖心獻祭了。我快要八歲的時候，父親十分憂慮，唯恐就要輪到我去犧牲。而且我大哥那時候患了毒瘤症，有半邊身體都爛了，連內臟都暴露出來，眼看是活不過二、三十天的。我父親既知道大兒子回天乏術，更不願意讓我犧牲而斷了子嗣。(庶子是不能繼承財產的，除非父親繳納三分之一以上的財產給皇帝，懇請皇帝恩准。)

我父親於是去見祭司長，百般懇求放過他的么兒。祭司長說他無能為力，因為神的旨意重於家庭利益，甚而重於國家利益。我父親說，甘願用女兒替換，或是用他的長子替換。祭司告訴他，除非找不到男童，否則是不能用女童獻祭的。至於我大哥並不合乎獻祭的條件。原因有三：第一，他是嫡出的長子；第二，他已經十六歲了；第三，毒瘤已使他的身體不潔淨了。我父親知道非花錢消災不可，就用鉅款為我請命。這一招果然奏效。祭司長為了私利饒過我的性命，同意以我大哥替換，他也因此觸犯了三條律法。

在此要補充說明，撒瑪納札曾經問過神，假使島人湊不足應獻祭的男童數目，又該如何呢？神答曰：若有此不得已之情形，可用不滿九歲的女童獻祭，但必須先使女童通過土水風火四行之淨化。其淨化步驟如下：準備獻祭的少女由一名祭司導引至神廟正門，此處有專司淨身儀式之處所。首先，裸體之少女須自頸部以下全身埋入土中。埋土禮進行十二次之後，再浸入水中十二次，接著須通過稻草點燃的小火苗十二次。最後再走過風中十二次，少女便有被獻祭的資格了。

我原可再舉賄賂祭司的其他例子，但前例已足以顯示，這種異教信仰的虔誠崇拜以及許多其他事務，都不及利慾重要。

第五章　宗教節慶

按神的指示，島民應舉行兩個拜神的大節日。第一次節慶是在新年開始時，爲期一星期；第二次節慶則在第五月的最後一星期，爲期九天。節慶期的第一天和最後一天，人們必須早起，晨間禮拜後到神廟去祈禱唱讚歌，從一點鐘直到兩點。到了兩點鐘時，大夥移至城外的泉水或河邊，掬水灑於頭上，灑了十二次後，再返回神廟。如此一來一往約需一小時時間，在這期間必須不斷祈禱。

人們返回神廟後，便屠殺牲祭的牛羊等，將牲獸的肉切割洗淨，與血一同放入少量的水烹煮。衆人一一走到祭壇前，祭司分給每人一塊獸肉。信徒取了肉便以左膝下跪，頭低向地，把肉吃掉。取肉吃肉的儀式中，樂隊不斷奏樂，歌詠者與群衆唱著讚歌。（如果是在新年元旦當天的節慶，祭品就不用牛羊，而改用一萬八千名兒童。儀式如下：祭司長先斬下兒童的頭，再用大刀剖開其胸部，取出心臟放在烙架之上燒化。其屍身則投入備好的池中。）

屠殺獻祭牲品的時間有三小時之久，從三點鐘到六點鐘，六點鐘進行教義講述，然後是謝恩禮。禮畢大家各自返家吃喝，兩小時後再回神廟，繼續禱告詠唱四小時，接著又是教義講解。全部儀式完畢後，人們便可回家自由從事其合法的休閒娛樂。

節慶期間的其餘日子之中，人們晨起必須禮拜神，用水灑在頭上三次，再到神廟去禮拜，從一點至六點鐘爲止，之後各自從事其工作。

在此向讀者說明，我們福爾摩沙人將一天分爲四部分，每一部分有六小時。因此，人們在神廟從一點鐘禮拜至六點鐘，相當於歐洲人所知的早上六點至十二點。

節慶期的第一天與最後一天叫作「雙節日」，其餘日子叫作「單節日」。每個月的第一天舉行雙節，第二天是單節，都要殺牛羊上供並食用之。每星期第一天是雙節，要供祭禽類並食用之。

所謂雙節日，是指人們當天要進神廟禮拜兩次，單節日則只進神廟一次。

另一點需注意的是，我們不用鐘或錶計時，而是用一種木製的沙漏狀計時器，裡面盛放沙或水，在一小時間流盡。沙或水流盡的時候，負責看守計時器的人員就要擊鼓，告訴民眾現在的時刻。這是城市裡的報時方式，至於在鄉間，人們全憑觀看日月星辰來辨識時刻。

第六章 齋戒日

神又指示撒瑪納札，除上述節日之外，人們也必須守兩個齋戒期。第一個在每年的最後一個星期，爲期八天，是爲迎接新年而守齋。第二個是在第五月的最後一個星期，也是八天。齋戒期間，日落之前禁止飲食，日落以後則可以開懷飽食暢飲。人們在齋日可以向神祈禱，平常日子卻不准禮拜神。

守齋方式如下：早起便禮拜神，洗淨頭、手、脚之後，各人從事依法許可的事務。日落以前不但人不許吃喝，連畜牲也不准。守齋必須一絲不苟，寧可餓死渴死也不吃喝。牲畜都要關入籠柵，整個白晝必須挨餓，食品都收藏到看不見的地方，以防有人抗拒不了誘惑而守不住。這是眞正的齋戒，要嚴格遵守，不像天主教徒在齋日還可以吃魚喝酒。有許多嬰兒在齋戒日會因爲無乳可食而喪命，而福島的父母親不但寧願見牲畜死而不肯餵食，甚至眼看子女喪命也不肯破戒。

第七章 節日儀典

逢雙節日，人們要洗淨臉、手、足，到神廟聚集，聆聽一位祭司朗讀《甲爾哈巴底翁德》。朗讀完畢後，全體信衆伏倒在地，祭司便高聲感謝神賜無比慈恩，人們在心中隨之默唸。謝恩禮完畢，人們起身唱起讚歌，有笛與鈴鼓伴奏。接著祭司們便將牲獸祭品祝聖，其後宰殺牲畜，放血至銅皿中，肉切成小塊後與血一同放入祭壇下的大鍋內烹煮。煮肉時，主祭司禱告，祈求神接納祭品以恕人們之罪。肉煮好後，人們走向祭壇，每人接過祭司分配的肉，俯首脆下左膝食用。儀式進行時，歌詠與奏樂不斷。

謝恩領肉完畢，祭司登上比信衆席高的位置宣講教理，並解答人們的疑問。然後再謝恩，爲一切人事祈禱，日間崇拜到此結束，人們可各自回家用餐。但自由行動時間只有兩小時，而且不可有放任行爲，凡事都需溫和節制。兩小時後再回神廟，進行與日間崇拜一樣的儀式，但不再獻祭品。儀式完畢，人們可以回家，晚餐後可以走動、遊戲，或從事合法的娛樂，但不可在這個日子做低賤的雜務。

單節日的儀式和雙節日的晚間崇拜禮相仿。

逢節慶日，進行煮祭品肉的時候，供神顯靈的神龕是開啓的。若神以獅、熊或其他猛獸形態顯現，表示神震怒不悅。這時候就必須關閉神龕，再獻祭品，直到神以公牛或小牛、綿羊等較溫和的獸形顯現爲止。如果獻上牲畜仍不能令神息怒，就必須改用嬰兒獻祭，直至神變化爲較溫和的獸形爲止。如果神以大象的形態顯現，則表示祂將有不尋常的作爲。祭司們——尤其是祭司長——必須先齋戒禱告，才能與神密談。密談之後，便會向民衆宣達神的旨意。

應注意的是，福島的神一向只以雄獸的模樣顯現，從不顯現爲雌獸。因此人們相信婦女是不潔淨的，必須化爲男性或雄獸方得幸福。這種觀念另有其他理由爲依據，後文將詳述。

第八章　祭司選任

神又指示撒瑪納札，必須推舉一位祭司長掌管所有祭司之職權。祭司長不可娶妻，如果結婚娶妻就必須卸職，另選他人繼任。祭司長以下的其他祭司可以娶一名妻子，但正規修道士必須獨身。正規修道士應與其他修道士共居於修院中，聽命於一位修道長，修道長有任命修道士爲祭司之權。修道士如果想要結婚，必須卸除修道士身分離開修院。修道士的職務，是指導青年理解教義，教導讀書寫字或從事其他相關教育工作。正規修道士要嚴守清規，穿特殊的道服、剃光頭髮，但不剃鬚。其道袍前後都沒有開襟。

修道士若自願過苦行生活，可以到荒野離世隱居。有些修道士不住修院，獨自到最偏僻的荒野生活，一去就是二、三十年，甚至四十年或更久。他們以土地或乾樹葉爲床，摘取野果爲食。此外，爲了加重痛苦的程度，他們會用鞭子猛力抽打自己。

有些修道士會在一年兩度節慶期出現，以協助牲祭等典禮。這時候，一般人會當他們已是神聖般地仰慕尊敬。他們嚴厲地自我懲罰的生活，已經把自己折磨得不成人樣，歐洲人恐怕都看不出他們是人類了。節慶期結束時，這些修道士架著公牛拉的小車，挨家挨戶乞討。人們會施捨飲料、薯類、果子給他們，他們也接受金錢。小車裝滿了，他們就返回荒野去享用這些東西；施捨物品耗盡之後，他們又恢復自我懲罰的苦行生活。

另有一些修道士，在長久的荒野生活之後回到城鎮裡，到處傳播教理，並且高呼：「哭泣吧！哭泣吧！」狀似瘋狂，但民衆卻非常欽佩他們。他們講道告誡民衆之後，又細訴荒野生活與修行，憤然表示他們是多麼厭棄人世，打算了斷殘生。然後他們可能會乘小舟到河裡去投水而死，或是在樹上吊死等等。民衆會用貴族才有的隆重儀式火化他們的屍體，而他們用以自殺的小舟、繩索等物，都會和其遺像一同掛在神廟裡，以茲紀念。辦理後事的費用，都是欽佩他們的民衆捐獻的。

撒瑪納札依神的神示，從王室子嗣中擇一智者為祭司長。祭司長有權授祭司職；從邦內每個城市選三人、每個城村選一人，授以祭司職務。後來各地都建了神廟，祭司人數也增加了，單是首都澤特尼特撒就有一六〇位之多，其他城村也都依比例而增加。撒瑪納札又在首都和許多別的城市建立修院，供正規修道士居住，院內一切都按神的指示而規定行事。後來，他又命令祭司長，在每個城市指派一位「主祭官」；這位主祭官有權指派從屬的祭司和獻祭官。祭司與獻祭官負責執行的事務，也由先知撒瑪納札指定。福爾摩沙人從此奉行無誤。

祭司長係由主獻祭官晉級而產生。祭司長重病或是年齡高達八十五歲時，必須立遺囑，以便決定繼位者。他應將七位主獻祭官召來，對他們簡短談話之後，從七人中指定三或四人（我不確定是三人或四人）爲候選者。待祭司長死後，未被指定爲候選人的獻祭官和其他一般祭司，就以「推選員」的身分在首都的神廟集會。他們先獻祭大量畜牲和禽類，然後請欽命總督到場。總督到神廟向祭司們致意後，便宣讀這三、四位候選者的名字，請推選員斟酌最適任者。接著，總督的書記官發送紙筆給每一位推選員寫下中意人選的名字。書記官收集好選票交給欽命總督，總督再一一唱票，得票最多的人便被宣布爲新任祭司長。如果有兩個人得票一樣多，欽命總督可以投下決定票，再宣布當選人。

讀者須注意幾點：

第一，推選祭司長時，婦女不可進入神廟，違者處以截去兩腳姆趾之刑。

第二，若祭司長猝死而不及立遺囑，由欽命總督提名三或四人，再由推選員投票選出。

第三，祭司長不可娶妻，但主獻祭官大都有多位妻妾。因此，被選爲祭司長的主祭官，必須買一所有房屋有庭園的宅子供家人居住（他原先的房子將歸屬於接替他舊職——主獻祭官——的人所有）。新任的祭司長必須離開妻兒遷入祭司長宮，祭司長宮現在是他的財產。他有時可以去探望妻兒，兒女結婚時也應分得一份家產。

按福爾摩沙語，各種祭司名稱如下：祭司長是「諾托伊・朋佐」（Gnotoy Bonzo）；主獻祭官是「諾托伊・它爾哈底亞扎爾」（Gnotoy Tarhadiazar）；第二獻祭官是「奧斯・它爾哈底亞佐爾」（Os Tarhadiazors），讀法律和祈禱文的祭司是「郤斯・朋佐」（Ches Bonzos），俗事祭司是「朋佐・雷多」（Bonzos Leydos），正規修道士是「朋佐・羅奇」（Bonzos Roches），修院院長是「朋佐・蘇列托」（Bonzo Soulleto），教導青少年的祭司是「諾索夫・朋佐」（Gnosophes Bonzos），講教理的祭司是「朋佐・甲士皮諾」（Bonzos Jatupinos）。

祭司長的職權包括任命祭司，與神密談後宣布神旨，嚴懲不忠於職守的人。主獻祭官的職權包括任命轄區內的其他祭司、管理這些祭司官，並主持獻祭——主要爲孩童獻祭，並統計每家每戶可供獻祭之孩童，適時催促各家獻出孩童。獻祭典禮中割斷兒童喉嚨、剖取其心臟的工作，由主獻祭官負責，其他祭官只幫忙將心臟放在燒烙架上。燃燒心臟時的禱告，也由主獻祭官執行。從屬獻祭官的職務包括宰殺牲獸、洗獸屍、煮獸肉、分發獸肉給信衆。有些祭官必須在這些儀式進行時陪同祭司長禱告。

俗事祭司的職務各有不同，有的要讀文書，有的要講道或教導青少年，有的要管理神廟神龕以及儀典器皿。

前面已經說過，修道士有教導靑少年和傳道之責，但更重要的是，他們應當遁世隱居、守貞禁慾、服從修院長，每週守齋一次，並且盡力修養品行。他們相信一旦縱慾，就不得再守神和先祖所指示的淸規了。

必須說明的是，修道士不需要像天主教修士那樣發誓願。他們只需發願守貞，而且也不是絕對的。他們仍有離開修院去結婚的自由（假使他們抗拒不了女性）。他們也不必發願盲目服從院長、不必爲了刻意守貧謙卑而棄絕一切俗世享受。修道士共遵的唯一法則是：凡自願遁世退隱的人，只要他夠虔誠、有誠意、有學識，不分貧富都可進入修院。

修道者應該帶著他有權繼承的一份父產到修院來，並把這筆財產歸入修道院名下。假如他日後因爲想結婚而離開修院，可將原先帶入修院的財產攜走。他在修院裡的衣食等必需品由院內免費供給，如果他想享用修院供給必需品以外的東西，得自費支付。進入修院的人不可走出修院外。若是在修院內亡故了，財產歸修院所有。生活在修院期間，按常規服從院長，不在院規範圍之內的事則不必遵從。例如，院長指示某人只許吃薯根，其他人卻在吃佳肴，就不必服從院長命令了。不過這種事極少發生。

上述各種祭司牲祭禮儀等，都是有關崇拜神的。下一章將述及日、月、星辰之崇拜。

第九章　日月星辰崇拜

神又指示撒瑪納札：「告訴人們，平常時日崇拜吾神是違背吾旨的。平時爾等只可崇拜日月星辰，此皆爲吾神派遣治理人世之使者。爾等應同樣以牲獸獻祭之，但不可獻祭孩童——彼乃吾神專享者。爾等應按下述之方式崇拜日月星辰等。」

「平常日子早上一點鐘起身，用水灑頭部三次，然後登上屋頂，向太陽與五星辰膜拜祈禱，不可特別祈求某事物，只祈求太陽星辰賜予一般必需之事物，並且感謝其先前的賜予。晚間一點鐘時，以同樣方式拜禱月亮與另外五星辰。」

「太陽是神創萬物之中最偉大的。神創太陽來治理人世，故太陽會按各人功過善惡賜福人類。月亮的威力次於太陽，十星辰又次之。人類若不敬拜日月星辰，它們憑神賦與的力量，不但可以拒不賜福給人類，而且可以降災，使人類患重病、作物歉收、空氣毒瘴汚穢。因此人們平日應當按上述指示敬拜日月星辰。」

「每年另有三個節日是專供敬拜日月和十星辰的。太陽節定在第二月（即大曼月）的第一個星期，從這星期的第三天至第九天爲止。月亮節在第五月（大替比斯月）的第一星期，從第三天至第九天止。星辰節在第八月（寇里安月）的第三星期，從第五天至第九天爲止。」

「人們應選定一處山地，在山上建三座祭壇，分別祭祀太陽、月亮、十星辰。每個城市都應在附近選一座山來建祭壇，在節日期的第一天和最後一天聚集於此，獻上與祭拜吾神同樣數目的牲獸爲祭品。牲獸的肉不可以吃，必須燒化，再由信衆每人各攜些許燒化的灰燼回家。這些節日裡不可從事日常的工作，只在獻祭完畢後各自進行合法的休閒。」

「獻祭於早上兩點鐘開始，至六點鐘結束。到晚上，每家人應登上屋頂，按平時那樣膜拜日月星辰。節日期的每一天裡，都要到山上祭壇去禮拜，但不必獻祭，只需歌詠奏樂。由祭司長指派執行獻祭禮的祭司人員，這些祭司最多可娶妻二人。」

「三座祭壇在山上建造的位置，應以太陽祭壇建在山頂，月亮祭壇地點略低，星辰祭壇又次之。」（見下頁附圖）

人們遵神指示建壇禮拜，至今不渝。

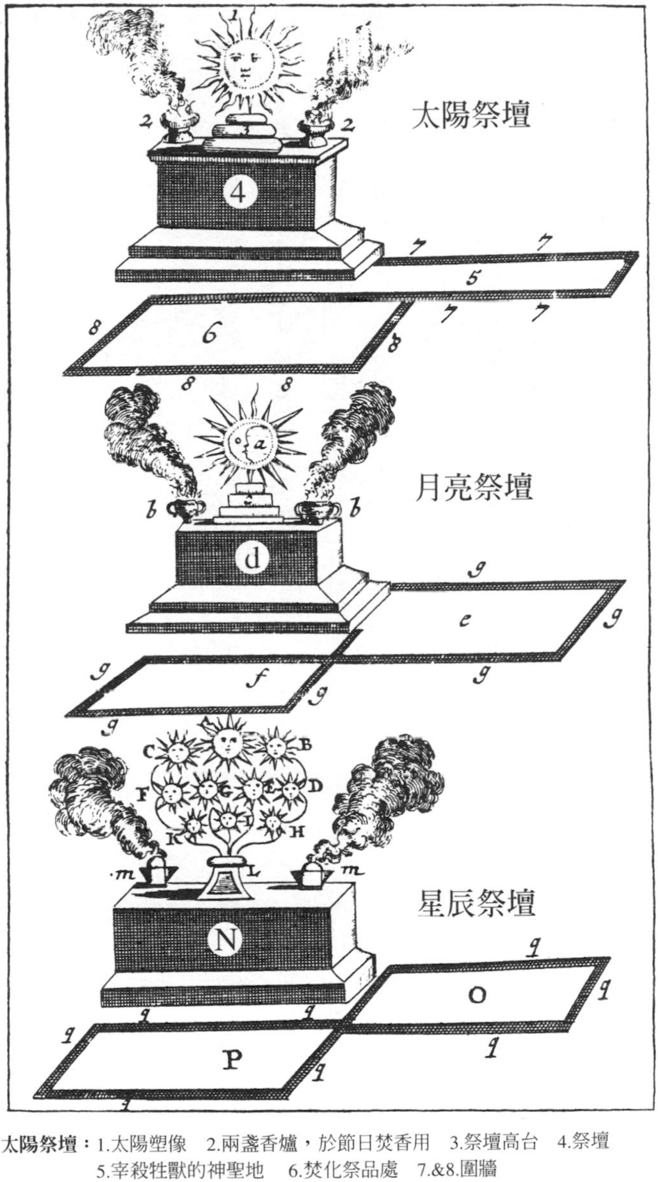

太陽祭壇： 1.太陽塑像　2.兩盞香爐，於節日焚香用　3.祭壇高台　4.祭壇
5.宰殺牲獸的神聖地　6.焚化祭品處　7.&8.圍牆

月亮祭壇： a.月亮塑像　b.兩盞香爐　c.祭壇高台　d.祭壇　e.宰殺牲獸處
f.焚化祭品處　g.圍牆

星辰塑像： A.蒂格　B.大曼　C.阿那曼　D.阿尼吾　E.大替比斯　F.大比斯　G.阿奈柏
H.奈臣姆　I.冠里安K.土爾班　L.祭壇高台　M.兩盞香爐　N.祭壇
O.宰殺牲獸處　P.焚化牲獸處　Q.圍牆

第十章 禮拜姿勢

福爾摩沙人禮拜神的時候，有許多固定的姿勢（這些是撒瑪納札定下的，抑或是祭司們發明的，本人並不確知）。姿勢如下：

一、在神廟中朗讀《甲爾哈巴底翁德》時，凡肢體行動能做到的人，都應右膝略曲，右手舉向空中。

二、向神謝恩時，所有人俯趴地面。

三、謝恩完畢時，人們口中歌詠，手牽手站立。

四、將祭品祈禱祝聖時，所有人曲左膝，兩臂張開。屠殺祭品時，大家坐在地上（神廟裡不像歐洲教堂有一排排座位），富人可坐於自攜的座墊上。煮祭肉時，大家起立手牽手，向神龕上端仰望。祭肉煮好後，祭司分給每人一塊食用，多餘的肉屬祭司所有。

儀式結束時，神龕簾幕打開，大家再趴在地上膜拜一段時間。拜後起立仰望神龕，如果神以公牛或其他溫馴獸類的形像顯現，表示神對信衆悅納，大家都欣喜萬分。如果神以獅形顯現，人們便自知觸怒了神，必須再獻祭品請神息怒。在此之後是宣講教義，人們站立恭聽。宣講完畢有一短暫禱告，然後再行謝恩。謝恩完畢，人們俯身行禮，以右手食指觸地，再循序離去。

在山上拜祭日月星辰時，人們曲右膝，右手舉向天空。朗讀《甲》書相關章節時，人們手牽手站立，姿勢與歌詠時一樣。祈禱時跪左膝，雙臂伸開。謝恩時，人們站著仰望天空，兩臂大張。平時在各自屋頂膜拜太陽和五星辰，也是這個姿勢。晚間拜月亮和另五個星辰時，則是手牽手站立。

以上即各種崇拜儀式中的固定姿勢。

第十一章　生育禮儀

依神指示，生產應遵行禮儀如下：臨近分娩期時，孕婦按各自財力向十星辰獻祭。分娩後與嬰兒同臥床，至星期首日到來，產婦與嬰兒都洗淨身體，夫婦同攜嬰兒至神廟獻祭。若產婦身體太虛弱（此乃常情），可由另一位妻妾或別的婦女代替去神廟。

在神廟中應爲新生兒祈禱，並爲分娩順利而謝恩。夫婦倆鄭重對神承諾，必要時甘願以此兒獻祭（以男嬰且非頭胎爲限）。隨即用稻草生起小火，由主獻祭官抱起嬰兒，從火上走過十二次。再由另一位祭司爲嬰兒行塗油儀式。儀式完畢，母親接過嬰兒，祭司唸謝恩經，全部儀式便告結束。父母返家後，通常會宴請親朋好友和幾位祭司官。

小孩年滿九歲時，應於節日時隨父母親到神殿去，向神發願，要遵守《甲爾哈巴底翁德》所載的一切指示——因爲他已安然活過了要被獻祭的年齡。父母親也要起誓，將盡全力敬拜神。接著祭司唸一段祈禱文和謝恩經，他們便可回家。前述的兩個儀式，一是「阿布達蘭」（Abdalain），即滌罪式；一是「布拉多」（Blado），即發願式。

在此必須說明，福爾摩沙人雖有這種滌罪儀式，卻不是基於「原罪」的觀念而來的，因爲我們根本不知原罪的說法。由於神指示要舉行這種滌罪式，就有人認爲，這是因爲人性有敗壞之故。也有人說這是因爲我們的先輩犯了罪，而主要是指父母親犯了罪。按福爾摩沙的信仰，神創造世界之始，便已造出和現在一樣多的人了。但是神最初創造的人不像現在這麼敗壞，乃是人類自己逐漸變壞。人心從原始狀態一天天敗壞下來，這是我們憑經驗就可明白的事。人性敗壞並不是我們信仰中的條文，只是我們談及神創萬物與最初人性時的一個看法，但經書裡沒有明文記載。

以上就是我所記憶的《甲》書中有關宗教信仰的內容。讀者可以看出，其中並無道德戒律，只有儀式典禮方面的規定和步驟。

祭司每次誦讀經文完畢闔上書，就會說，不論何人，凡甘願或蓄意輕蔑違犯上述訓示者，當以火刑處死。用福島的語言來講，即是「火將取其性命」。這些話是否《甲》書本來就記載有的，抑或是「卻斯・朋佐」（讀經書祭司）添加上去的，我就不得而知了。我確知的是，若有人觸犯了任何一條法律（如果他不夠聰明不夠富有，而不曾用錢來贖罪的話），祭司會將他押送到大獻祭官和祭司長面前，他們定了他的罪，再把他交給欽命總督，指示總督將此人活活燒死，總督必須照辦。

第十二章　婚姻禮俗

因爲需要這麼多男孩剖心獻祭神，爲避免人口逐漸減少，神許可俗世男子娶多位妻子（西方國家的妻子是與丈夫共同持家的同等地位者，福島人卻將妻子視爲奴隸）。因此福島男子有娶三至六名妻子不等者，也有爲數更多的，按其家財多寡而定。但若有人娶妻超出贍養的能力範圍，將被處斬首之刑。爲避免引起這種後果，男子娶妻之前必須經過財力調查。財力合格的人可以多娶妻子、多生子女。其中僅兒子可以獻祭，女兒則留待婚配。後文將詳述。

親兄弟姊妹、堂表兄妹不可結婚，叔舅等不可娶侄甥女。這三種血親是絕對不可娶嫁的，連大祭司也不能法外施恩，至於其他親等並沒有限制。

男子打算娶妻時（不論是不是第一個妻子），必須先徵得女方父親同意。因此得請一位明瞭這類事務的莊重的友人代他求親，並說明求婚者的家世與產業狀況。女方的父親必定以禮接待求親者，款待上好的菸酒，但要先和妻子、女兒商量，直到次日或第三天才會答覆，然後再請提親者轉告求婚者。只要女子的父親同意，這樁婚事便成了，因爲女兒必須遵從父命。

男子正式娶妻之前必須通知獻祭官，接受財務能力調查。通過調查後，新人偕同親友一同到神廟門口，有一位祭司或主獻祭官在此相迎，並且問他們此行目的。新郎新娘就答說要結爲夫婦，然後他們才可以進入神廟。必須有這一番問答，是因爲男子只准與妻子一同進入神廟，除非同行的女子即將成爲其妻子。在神廟行婚禮的日子應是單節日，如每月的第二日或任何其他日子，不可選擇重大節慶日。

新人進入神廟後先要祈禱，隨即獻上祭品。然後，丈夫承諾對妻子忠實：不與妻子（或諸妻妾）以外的女子親近、不虐待妻子，也不對妻子做出違反神意或人性的行爲。妻子也承諾要忠於丈夫：不與其他男子親近、凡事聽從丈夫等等。接著兩人向神和日月星辰發誓：必定信守承諾，否則願遭天譴。誓畢，祭司再令兩人起誓：願依神所願，隨時獻親生兒爲牲祭，違誓願遭天譴。

末了，祭司宣布婚禮完成，先對丈夫說：「男子，因汝遵從向神與日月星辰所誓，維持婚姻安定，茲授予處置妻子之永久全權，生殺由之。」再對妻子說：「婦人，茲嫁汝予支配統御汝之夫主，當遵向神與日月星辰所誓，全心全力服從之。」然後誦讀禱文。丈夫付酬勞給祭司，新婚夫婦與親友一同返家。當天照例應宴請親朋等，規模大小視新郎的財力而定。

以上僅爲婚姻（即「戈路它求」（groutacho））之中的婚嫁禮俗，有關婚姻狀況的其他事物，後文將詳述。

第十三章 殯葬禮俗

殯葬禮俗無分男女，過程是一樣的。本章所述之殯葬儀式，是以富有的人家爲準。財力略遜者則按其能負擔之程度酌減。

人們爲病重的親友祈禱並供獻祭品，如果病逝，屍體應停放三十二小時，並全身塗油，準備在日間或夜間火化。進行火化前，死者的所有親朋齊集，當衆將屍體放入棺內。棺木放在桌上，桌上另擺有各式肉食，親朋們便在桌邊就座吃肉。葬禮時刻到了，祭司和修道士來了，奏樂隊、送葬者、僱請的哀悼者等等都到齊後，棺木便移至由兩頭大象拉的靈車上。

如果死者是富人，上述在自家的儀式結束後，參加送葬的人便按以下順序從喪家走到火化地點：領頭的是一位市鎮官員，手執死者的旗幟；其次是幾名奏哀樂的樂隊員；隨後是護衛屍體的士兵們（僅貴族用之，平民百姓不用），手執長戟、弓箭或刀劍。接下來是由修院住持率領的修道士隊；修院住持舉著神與修院的徽號，後面跟著修道士，最後是修院長。最後的一批是祭司；其中第一人舉著神廟的徽旗，隨後是一般祭司、日月星辰獻祭官和神的獻祭官，最後面是土獻祭官及其從僕。祭司長不參加一般人的葬禮，只爲邦主或欽命總督送葬。跟在修士祭司之後，是大象或駱駝拉的祭品車，車內裝載獻祭的牲畜。然後是負責哀悼者數人，其後是兩頭象拉的黑色靈車（形式與西方國家相似，但中央是塔樓般高起的）。前面的一頭完全用黑布罩住，只露出象頭。黑布上綴滿死者先人（父親、祖父、曾祖父等）的徽飾，都是畫在絲緞上的鳥獸圖像，象徵其家族地位。靈車之後跟隨著死者的父母、親屬、朋友等（見下頁附圖）。

送葬隊伍到達火化屍體的地點後，修道士和俗事祭司使開始祈禱、將祭品祝聖，燒成灰以後再投入要火化死者的木柴堆上。接著才將棺木抬上木柴堆，引火點燃。屍體燒成灰之後，將骨灰埋在火化柴堆附近的地底下。整個葬禮到此結束，送葬者互相致意後各自返家。

富有人家的葬禮

第十四章　靈魂轉世說

經書《甲爾哈巴底翁德》上說，在世時遵守自然法則、神的誡命、人世法律，死後便可享大幸福。但經書上沒有說明死後的靈魂是什麼狀態，因此人們有幾種不同的意見。一般都相信靈魂轉世之說，這似乎是所有異教徒都有的古老觀念。至於轉世的方式則看法不一：有些人認為，人死後，靈魂轉世成為獸類——不管是野獸或馴獸。有人認為靈魂會轉世為另一個人，至於轉世為窮人或富人、幸福或痛苦，端看他在前一世的為人好壞。由是前世影響後世，死後可能轉世為人或獸，在苦難和幸福間無盡地輪迴。另有一些出奇的想法，認為死後靈魂會化為星星昇上天國，永享神賜的極樂。

然而，由於人生前犯過罪惡，儘管生者已為死者獻上祭品，卻只能掩住罪惡而不能將之洗刷盡淨，因此，死後的靈魂要進入另一地方去悔罪，然後才能永享極樂，而靈魂悔罪的暫時居所乃是某些畜牲的形體。相信這一說法的人認為，上帝不許人們吃公牛、公羊、大象、兎子、山羊、鴿子、狗、馬、駱駝等的肉，且禁止任何人撲殺這些畜牲，只准許用它們獻祭。

這些畜牲若自然死亡了，也應該將之掩埋，因為前世有罪惡的靈魂正停留在這些畜牲的形體之內；待罪惡滌清之後，便可化為星星昇天，永享極樂。

福爾摩沙人以持這類看法的人居多。但這個說法是針對男人，因為福島人認為，女人的靈魂（前文曾略述過）必須轉世為男人形體，才可能享永福，甚而有人認為女人的靈魂要轉入雄的馴獸以後，才能享有雄獸得享的幸福。這種觀念始於福爾摩沙建立宗教信仰後不久。繼而祭司們互相辯論，有的認為女人的靈魂乃是前世為惡的男子轉世而來、以女人之身在悔罪；有的人認為，罪惡的靈魂將寄於野獸的身形悔罪（後文將詳述），但這個說法被指為荒誕，很快就被推翻了。原因如下：

一、既然男人和女人的數目相等（福島人多這麼認為），按此說法推斷，是否所有男人都是罪惡的，才會轉世為女人？

二、按此說法，第一個女子要到第一個男子死後才創造出來。甚至有人主張，女人的靈魂比牲畜的靈魂還脆弱。

又有人認為，女人不配來崇拜神和日月星辰。這種意見的起因是：

一、福爾摩沙人蔑視女性。

二、神永遠是以雄獸的身形顯現。

三、《甲爾哈巴底翁德》記述的指示和承諾，都僅是針對男人。

四、女童若要獻爲祭品，必須先經過土火風水四行的淨化。

有些比較講理而寬容的人認爲，女人的靈魂也可以受福佑，他們指出，女人即便比男人低賤，卻和男人一樣具有理性，所以終能達致幸福。這個意見雖然理由充足，卻被抱持別種看法的人斥爲無稽。後來是兩個極端折衷，確定女人的靈魂也可得救，但必須先轉世爲男人或雄性馴獸，而且要勤加禱告獻祭，才可以縮短其悔罪的時間，迅速達至極樂。激烈爭辯於是告一段落。

其實這些想法似乎都是祭司們製造出來的，藉以從中得利。例如，人死之後，其親人要送上大筆錢給祭司，因爲祭司說悔罪的靈魂急需錢用，而祭司們可以幫親人把錢送到死者手上。但是外人並不知道他們是用什麼方法送去的。此外，祭司爲悔罪靈魂禱告獻祭也要收錢。最惡劣的是，祭司們會向富人借大筆的錢，事後卻說要在債主死後把錢還給其靈魂。

關於遭天譴的靈魂，福島人也是各家意見不一。有人認爲，這些萬劫不復的靈魂會轉世爲惡獸，即獅、狼、虎、猿、貓、豬、蛇等等。也有人認爲，靈魂在人死後便隨之消滅了。較普遍的一種看法是，這些孤魂在大氣中飄遊，神令他們爲得不著極樂而痛苦，爲生前犯的罪過而羞愧。這兩種折磨都極端沉重，人力根本不能承擔。這些萬劫不復的靈魂就如同歐洲人所知的魔鬼，稱之爲「帕高斯多」（Pagosto）。我們也要向這些惡靈獻祭品，因爲這可以略爲減輕惡靈們的痛苦，同時也可防止他們爲害。

第十五章　魔鬼崇拜

按《甲爾哈巴底翁德》所載，最初的福爾摩沙人崇拜魔鬼，也崇拜日月星辰。書中並未指示人們崇拜魔鬼，甚至也不鼓勵這麼做；但當地人自從知道祖先有崇拜魔鬼的習俗後，便恢復這種風俗了。可能原因是，《甲》書所載的宗教儀式在福島奠定以後，魔鬼仍在福島爲害肆虐，帶來地震、狂風、冰雹、暴雨等，人們卻不能求神解救或保佑，也不可以向日月星辰祈求恩賜，於是只好求告祭司。祭司徵詢神意，然後告訴人們，神許可大家藉祈禱獻祭來安撫惡靈。

於是人們建立祭壇（與太陽祭壇相似），壇上塑有魔鬼形象。以後再有上述的災害發生時，人們就向魔鬼獻上果品和酒。假使這種祭品不足以使魔鬼息怒，第二天就獻上牲獸。如果獻牲獸依然無效，第三天就要獻祭二或三名兒童——用最貧賤的人家的小孩。不過，由於地震暴風等天災通常不會長達三天，所以獻祭兒童的例子極少。

島上每一個地區都建有魔鬼祭壇的偶像，地點都是在樹林裡或荒野中，有的距該地區中心有好幾哩遠。

各地魔鬼塑像的模樣和大小都不同，全憑雕塑者的想像力發揮。但其模樣一律是怪異猙獰的，有多個可怖的腦袋和面孔，全身長滿尖角、惡龍、毒蛇、蛤蟆等等。總之，造偶像的人無不竭盡所能要激起人們警愕恐懼之感。以前甚至有懷孕婦女被魔鬼像嚇得小產了，因此祭司們才下令，孕婦不得走近魔鬼偶像（見下頁附圖）。

祭司們為什麼要讓民衆相信，各種天災都是魔鬼發怒造成的？其原因不難想見。獻給魔鬼的祭品雖然是祭司們在打理——如水果、酒、牲畜，以及必要時買上一、兩名兒童，事後居民們卻必須補償祭司們的花費，而祭司們必定會收取實際費用的好幾倍。

魔鬼偶像

第十六章　祭司的裝束

本來祭司的衣著是沒有定規的，只要能與一般民衆有所區隔，穿什麼衣服均可。但後來規定要按職別等級之不同來穿戴，成爲定制。茲說明如下。

祭司長蓄短髮長鬚，頭戴天藍色、下端形狀像王冠的主教式高帽。短斗篷爲天青色，前面是圓形，後面是漸窄的長片，長及肘部。長斗篷爲長袍狀，袖子中部開口以便伸出手臂，也是天青色。斗篷之下是布帔，前後都垂下，裡面穿白長袍。通常要穿長襪，但不穿長褲。鞋子如露趾的涼鞋，和嘉布遺修會教士穿的相似。祭司長手持鐵杖，杖長一肘尺（譯註：約四十五至五十六公分長），杖頭飾有祭司長徽。

主獻祭官也戴高頂帽，但帽上沒有王冠狀裝飾，後端有垂地的布條。身穿長袍，繫腰帶。帽子是紅色，象徵其宰殺祭品的職務，高頂爲代表崇高地位的天青色。帽後的垂飾也是天青色，長袍則是紅色。手持長劍，代表其工作性質。鞋襪和祭司長的一樣，腰帶多爲白色。

一般拜神的獻祭官戴紅色的尖帽，帽頂略向後傾。穿的斗篷和祭司長的相似，但爲紅色，而且前面很短，只到膝蓋，後面則垂至地上。斗篷內穿紅袍。

日月星辰獻祭官的穿戴形式一樣，只是顏色不同。太陽獻祭官戴白帽，帽頂有太陽狀的裝飾，穿紅斗篷白袍。月亮獻祭官戴飾有月亮的白帽，白斗篷紅袍。星辰獻祭官戴飾有星辰的白帽，帽後有短的垂布，斗篷有白色袖子，白袍。獻祭官一律持劍。

一般祭司的帽子頂較矮，而且前高後低。穿白長袍，袍袖長而寬，不繫腰帶，裡面再穿一件棉布短襯袍。

神廟的職工僕役的打扮也與外人不同，戴一種特別的小帽，穿黑袍，持約一肘尺長的黑杖。一般集會中，他們都會舉著各自教區的徽章旗幟等。

修道士的穿著和一般祭司相同，但各按其修院用不一樣的顏色。他們頭戴尖頂的蒙頭風帽，要經常剃髮，但不剃鬚。身穿長袍，外罩短袍，長短袍都是較緊窄的。外面短袍的袖子大而下垂。鞋襪和一般祭司相同。修道院長在公衆場合要戴高頂帽，頭上的罩頭風帽後端下擺很長。他也和祭司長一樣穿短斗篷，爲淺紫色，前後都有淺紫色的垂布。長袍爲白色，短斗篷之下穿長斗篷，多種顏色。院長蓄長鬚和短髮，手持鐵杖。鞋襪與一般修道士一樣。在修院之內，院長的穿著和其他修道士是一般無二的。

修道院內僕役的穿著和神殿僕役大致相同，除帽子是像倫敦慈善收容所的小孩子戴的那樣，其他都只有顏色上的分別（上述的各種裝束，可參考殯葬禮俗所附之圖）。

若有人懷疑，我怎能記得清這麼多不同的衣著而寫下來，我的回答是：這就好像生長在羅馬的人，或任何遵奉教皇國家的人們，無不能列舉一般神父修士的衣著。原因是，從小就幾乎天天看見，想忘也忘不掉。

第十七章 社會禮儀習俗

福爾摩沙人的品行不會像別處的人那麼壞，原因是他們必須嚴格遵守政府和宗教的法律，否則要受重罰。由於觸法者一定會受毫不留情的刑責，人們因爲害怕而不感稍有踰越。

福島人的多種不同習俗，有人會認爲可取，有人卻不願苟同。例如，他們敬日本皇帝如神一般。皇帝的脚從不踏在地面上，他也從不讓自己的臉曝於陽光之下。除了貴族，誰也不准去晉見。而接見貴族時，他也是躺在形狀像御座的床上，隔著一層紗羅幕。一般百姓只有在節慶時能看見皇帝，但是瞻仰御容的人必須下跪俯倒叩拜他，然後才准抬頭仰望。

人們見邦主時要雙膝跪下，兩手交握而低頭鞠躬。見欽命總督時，一膝下跪（對外邦欽命總督跪左膝，對本邦的跪右膝），舉右手觸頭再向下觸及地面敬禮。

見祭司長的敬禮方式和見邦主一樣，見主獻祭官的禮儀和見欽命總督時一樣。一般人見到貴族和祭司時，舉手觸頭再順勢向下觸鞋，並低頭鞠躬。朋友相見時，互握雙手，並互吻雙手。尊長者不向低位較低的人敬禮，只以點頭示意。僕人見主人時，舉手至嘴部再向下觸地，然後全身趴下行禮。做妻子的向他人招呼的方式，按照丈夫所採的行事即可。

地位平行的男子相遇時，人數少的這邊要向人數多的一邊招呼致意。例如，一夥兩、三人的男子，進到一間有地位相仿之四、五名男子的室內，這兩、三人就要向那四、五人致意，那四、五人不必回禮。婦女在場是不算數的，假設有一名男子和五百名婦女在某處，有兩名男子恰巧走來，這一名男子和所有婦女都必須向這後來的兩人行禮致意，方式是舉右手至頭的右側，再向下觸及左脚。若相遇的兩夥男子數目相等，則是雙方互相行禮致意。

一般人和貴族講話時，不像中國人那樣用什麼特別的語句或客套，也不用有別於和卑下的人交談的言辭，只需稱呼其頭銜即可。而且只需要用第二人稱單數稱呼貴族，甚至對皇帝也是用此稱。這種與地位尊貴者講話的習俗，也通行於全日本。

男子是不准與他人的妻子交談的，單身未婚男子與未婚女子交談也不可。逢節慶或遊樂時，應與自己的家人在一起，如妻子跟著丈夫一起，兒女跟著父母親。任何男子若看見某男子與他人之妻在一處，或某未婚女子與非親故的未婚男子在一處，都會指他們是通姦淫亂者。

假設某男子有六名妻子，每一妻都應有其自用的居處，平時就和自己生的子女一同鎖在居室內，專心做其本分的工作。到了午餐時間，丈夫就把房門鑰匙交給僕人，僕人打開門鎖，但不開門，只通報時辰，室內的妻子兒女便到外面廳堂來進餐。飯後，可以在庭院裡略事走動，然後就得回房去，僕人把門上鎖，再把鑰匙交還男主人。有時候她們也許可聚會一下，一同喝喝酒之類。到晚餐時間，照樣是僕人去開鎖通報。飯後可以走動，或從事娛興，如跳舞、唱歌、說故事等，但必須有丈夫在場，或是徵得丈夫同意。

到了晚間三點鐘（即英國的九點鐘），大家都各自回房。丈夫可召某位他當晚要與之同寢的妻子來。丈夫在白天也可以隨自己高興，去看看妻子中的某一位。這種生活方式是頗爲愉快有趣的。然而，如果丈夫對某位妻子特別偏愛，其他妻子就會妒嫉爭寵。丈夫若不及時嚴懲引起事端者，可能鬧得家宅不安。如果丈夫通情理而謹愼，對每位妻子一樣好，妻子們也會處處討他歡喜，爲他著想，這樣和樂的家裡就如同天堂了。

前文談到婚姻禮俗時，我曾說過，如果妻子犯了什麼法條，丈夫可以決定她的生死。這種習俗太不合理，且容易被濫用，我實在無法贊同。有許多合理的法律的確也有不合時宜之處，但這一條卻純粹是爲了要福島的妻子們服從丈夫，而且要像奴隸般的聽任宰割。丈夫們卻可以胡亂濫用這一條律法。因爲，丈夫雖然不可以未經確定妻子犯了該殺之罪就殺死妻子，卻可以只憑他個人的確認（而且不必證人）就判定妻子犯了罪。一些兇暴的男子，或是養不起衆多妻子的男子，有時就會藉故指控妻子有罪，把無辜的妻子殺死。

姑不論做妻子的是否犯了該殺之罪，只要丈夫打算殺掉他，通常是這樣進行的：

首先，他把這名妻子囚禁在家裡，時間長短由他高興。然後，快要到他定好要處死妻子的日子時，他把這位妻子的娘家親戚都請來，一同享用佳肴、美酒、好菸。親戚們一定都會準時赴約，等賓客都就座了，男主人就把其他諸位妻子都召來——有罪的這位不召。等大家酒足飯飽了，抽了大約一、兩小時的好菸，男主人才說出正題：「本人發現我這名妻子，也就是諸位的親屬，犯了某項某項大罪，應當處死，本人即將依法照辦。」

親戚們都相信他說的當然不假，不會堅持要明確的證據，也許會爲這女子求一下情，如：「她犯了罪的確該死，但是看在我們這些親戚份上，饒她一死，保證她以後一定做個最溫柔、忠心、順從的妻子。假如你決意要她死，你是全權的主人，生殺都由你吧。」如果求情無效，男主人就會召兩、三名奴隸把這妻子押來，當著她親戚的面，再說一遍她的罪狀，告訴她要以什麼方式處死她。

（在此告知讀者，妻子如果能拿出有力證據，證實自己無罪，親戚們不但不會坐視這丈夫的惡毒誣陷，依法還可以讓他自作自受，遭到他要加諸妻子的刑罰懲治。可惜的是，不論妻子是多麼無辜，假使她不能把自己洗刷得毫無疑點，還不如乖乖受死。因爲，她的辯詞如果被駁倒了，反而會受緩慢的折磨而死，比先前的伸頭一刀更痛苦。）

妻子既然求饒無望，便和親人們訣別，跪下禱告，哀嘆自己的苦命，平靜地做丈夫的劍下或刀下鬼。丈夫通常是一揮刀（或劍）就斬下她的腦袋，也有的丈夫會憤而用匕首刺她心窩，甚而當場剖取她的心臟，在親戚面前把她的心吃了。這場悲劇結束後，親戚們回家，屍體則依禮埋葬，與自然死亡者並無差別。

英國的婦女讀到這兒，必然十分慶幸，而且要感謝上帝，讓她們的丈夫給她們這麼大的自由與幸福。她們也一定會可憐福爾摩沙的婦女，竟然受這樣的奴役虐待。

福島女子一般的結婚年齡（十至十五歲），顯示男人原本就對女人不懷好意。因爲這個年紀的人比較柔順而易調教，比較肯學著接受專制的丈夫。女子盡早嫁人的習俗還有另一層緣故：邦主、欽命總督、將軍們，若是看上那個女孩子貌美或談吐宜人，就會請或命令女孩的父親把女兒獻給他們，而這父親也不得不從命。邦主等人將少女養在自己府中，待他們感到厭倦了，才把少女送還其父親。然而，沒有一個男子願娶被蹂躪過的女子爲妻，所以她們通常都淪爲娼妓。

已婚婦女（在各自的房室中）從事繪畫、針黹，製作扇子和屏風，交給丈夫，以換取茶（Thea）、菸或酒（Chila）等。生了子女的婦人，大半時間耗在教育小孩上，教他們認字、學教義和禮節。富人家的妻子們雖然有很多僕役，她們仍是親自來教導小孩。每位妻子的住房通常都帶有小花園。歐洲人想像不出，這些妻子以何等的順從態度接受丈夫的命令，又是多麼心甘情願地去一一執行。她們對丈夫的那種敬畏崇拜，必須親眼得見才能體會。因此，英格蘭若確實稱得上是「婦女的天堂」，福爾摩沙就應該算是男人的天堂，也是女人的地獄了。

一名男子初婚所娶的第一位妻子，享有以下特權：她要管理家務，不像其他妻子那樣對丈夫唯命是從。其他妻子除了跟隨丈夫外出，平時是不准走出家門的。第一位妻子卻可以在得到丈夫許可後外出。此外，她生的長子是家業的繼承人，不會被征爲獻祭品。丈夫死後，她便是一家之長，所有家人都得服從她的管理。這些風俗也盛行於日本，不同的是，日本婦女可在丈夫死後再婚，福爾摩沙婦女卻不可。日本婦女可以分到一部分娘家財產，福爾摩沙婦女卻不能。

若某位男子打算娶某少女爲妻，必須先告知女方父母親，說明自己的財力狀況等。如果女方父母親同意女兒嫁給他，他就可以去和這少女面談，否則不可。但他不准單獨和這少女交談，必須有她的父親或母親或其他親屬在場。如果少女也願意嫁給他，女方父母親就拿一件小禮物給這男子，如戒指、衣服之類，但不會以家產爲陪嫁。

前文提過，第一位妻子生的長子是家業繼承人，是不供獻祭的。他可在父親死後繼承全部家產的一半，另一半由其他兄弟共得。男子若於父親在世時便結婚，應帶著妻子在父親家中生活，待父親逝世，家產分畢，再帶著妻兒奴僕和一份遺產去另立門戶。日本的情形不同，兒子婚後仍住父親家中，其妻子則住娘家，他可隨時去探望。

某人死後若沒有男性繼承人，其財產之一半就歸日本皇帝所有，其餘由諸女兒均分。死者若沒有子女，則一半歸皇帝，一半歸邦主和欽命總督。

繼承家業的長子若比父親先死，繼承權就轉給次子，其後的順位即三子、四子等。但這父親必須按其財力獻上一筆錢給皇帝，才可獲准轉讓繼承權。假如正妻生的兒子都死了，或是正妻根本沒生子嗣，這父親也得獻一筆錢，去換取庶出兒子的繼承權。庶出兒子成了繼承人之後，其母也就升格成爲正妻，原來的正妻降格成爲妾。有繼承權的兒子可襲用父親的地位與名字。

福爾摩沙人給外地人設妓館的習俗乃是來自日本。妓女們都生活在「儂諾扣爾斯卡」(Knognokorskaa)——即妓院——之中，需用之物皇帝一應准給，她們按規定接受管理與治病。外地人與她們共處的代價按小時或日數計算，付的錢由指定的官員收集送交皇帝的庫房。

前面說過，這些妓女有的是被皇帝、邦主、總督、將軍遺散的情婦。佔這種人只佔少數，絕大多數是一文不名的良家少女（因爲其兄弟把父親留下的財產分光了）。按習俗，一家之主死後，兒子們把財產分光，未婚的女兒們變得無依無靠，無從覓得丈夫。父親的屍體火化後，她們就到本城或本村的「蘇列托」(Soulleto)的府中暫住（蘇列托類似英國的市長或鎮長）。蘇列托必須容許她們在府裡住二十天，頭十天裡，他每天派一名僕人出去宣布：「某某人已死，其女未婚，若有男子願至蘇列托府，表明願娶其爲妻，便任由領出。」十天內如果無人領娶，十天過後，就算有上百上千人願娶她也不得領出。

後十天裡，僕人到大街小巷作另一宣告：「某某人已死，其女未婚。若有人願以其爲傭僕，可至蘇列托府領出。」十天內若無人來領她去做傭僕，她就要被送進「儂諾扣爾斯卡」。假使他有親朋是富人，也可能來領她去當傭人，以免她被送入妓院。做了傭僕是不得結婚的，而且她若偷懶或不順從，主人隨時可以把她送進妓院。

節慶期頭尾兩天以外的幾天之中，各個階層的人都會宴請親友，大致和婚喪或生日的情形類似。

福爾摩沙的窮人是不准乞討的，各行政區內都有貧苦收容所，窮人被收容期間的衣食費用，由區內全體分攤。有工作能力的貧苦者會被派以工作，老弱殘疾的人則可無代價地住在所內。這種收容所叫作「神庇貧苦所」，用福爾摩沙語講即是「卡阿・圖恩・帕高・阿克・查必斯・考林諾斯」（Caa tuen pagot ack chabis collinos）。日本帝國其他島嶼來的外地人，如果在福島旅行期間有生活匱乏，在各城鎮村莊，都可取得由公眾支付的生活必需物。

福島有酒館和食堂，男人們常去這些地方飲食、抽菸、娛樂，但女人不可涉足其中。

日本各邦的人看到外地人都覺得很新奇，會熱誠予以款待。但自從大舉屠殺基督教徒以來，他們卻痛恨所有外地人，除非是日本其他島嶼來的。後文將再述。

第十八章　福島人的容貌體形

福爾摩沙的氣候雖然熱，島人的膚色卻很白，生活在深宅大院裡的人尤其膚白，這種人家的婦女都很美麗。鄉下人和奴僕們因為從早到晚露天工作，經常受日曬，膚色就黑得多了。地主富人們和他們的妻小，炎熱季節都住在陰涼的地下屋室。他們又擁有花園果園，烈陽根本穿不透那濃密的林木。他們想到野外去時，就派僕人於早上兩點鐘出去，撐起浸泡了水的厚布篷。三、四小時後，他們才乘著轎子來，一直坐到傍晚轉涼時。僕人們還要不斷往布篷上灑水，使他們覺得如同在地下屋室之內一樣涼爽。因此，福爾摩沙人雖然生活在比英國炎熱的氣候裡，卻不大能忍耐炎熱。

他們用蒸餾提煉的水來清洗身體，還用這種水除去表皮的斑點（筆者樂於指導這種水的提煉法）。

有一項爭議話題，應在此提出。爭議的一方是中國人和日本人，執另一論點的是福島本土人。讀者曉得，中國人和日本人有染黑牙齒的習俗，福島人卻是保持牙齒潔白的。日本人辯白，顏色多樣才是美，因此故，衣索匹亞人以皮膚極黑，牙齒極白爲美，白膚的日本人有黑齒才是美。福島人承認此話有理，卻也說，美應該是不能做出來的。如黑眼珠是美的，但黑眼珠不是人力能促成的。因此，不以任何人爲方式改變天生的模樣，才算是美。

有諺語說：「土耳其和日本的美女爲世界之最」。我相信編這句諺語的人，大概從未聽過英格蘭這個國家吧。

一般而論，福爾摩沙人的身材較矮。但是他們在身高上的不足，用體重彌補了。福島人大都體形健壯，而且工作不易疲累。他們都很善戰，愛戰鬥甚於和平。他們對本邦人非常友善大方，愛起人來，不惜爲人犧牲生命，恨起人來，卻又巴不得置之死地。福島人很勤奮而機伶，看見人做什麼，很快就能學會。他們痛惡詐騙說謊，因此他們瞧不起做買賣的人，認爲這種人推銷貨品時假話說盡，而且好敲竹槓。

第十九章　各階層男女服飾

福爾摩沙人的服裝為其所特有，而且福島人不像歐洲人會創新服飾，所以似乎仍照自古留下來的習慣穿著。有一個優點是歐洲所沒有的，即是從衣著打扮一眼便可看出某人的身分地位。在歐洲，如果只看服裝，簡直分辨不出貴族和商賈之別。

福島人的衣著和日本人大同小異，尤其是平民百姓的服裝。只有邦主、欽命總督、貴族等的衣著是不同的。日本人和福島人衣著的最大不同，在於日本人穿兩件或三件外衣，束腰帶；福島人只穿一件外衣，不束腰帶。他們平時都袒露胸口，用一個銅質或金、銀質的板片遮住下體私處。日本人戴小而輕便的帽子，福島人的帽子較大，後面還拖著垂至地面的長巾，多為絲、棉之類輕布料所製，走動時便將長垂巾挽在手臂上。

以下不再談日本服飾，只講福島人的服飾。

邦主穿短絲袍，束著考究的腰帶。外面罩著敞襟的長袍，是名貴絲緞的，織有金銀飾。一條巾飾從右肩披至左腰側，是繡金銀的，象徵他的尊貴地位。帽子上有一圈冠狀裝飾，後

邦主

邦主夫人

端垂巾長及地面，冠飾是鑲寶石的。他不穿長褲，短袍還不到膝部，穿絲質長襪，襪上有很多飾帶。鞋子和前文說的祭司穿的一樣，是一種涼鞋，但式樣很特別。邦主或貴族騎馬時，穿一件頭的褲襪，改戴小帽。他的領飾是絲的，飾有寶石。頭髮一如日本各邦的式樣，是短的，但鬍鬚有姆指那麼長。

邦主之妻的袍子綴有寶石，非常美麗。她不戴英國婦女式的頭巾，而是一種織金銀絲的緞頭飾，綴鑽石，看來像王冠。頸飾華麗，長袍有考究的錦繡，長及脚跟，袖口極寬，可垂到地面。袍上有披風，拖垂於背後。鞋襪和邦主穿的相仿，但鞋底有高跟。她蓄長髮，垂在肩背上。袍子不寬，但有很多褶子，以華麗考究的腰帶繫著。

邦主之子的衣著與其父相同，只是開襟外袍之內不穿衣服，袒著胸，下繫腰帶，九歲以後才開始戴帽。邦主之女衣著與其母相同，但沒有頭飾，只戴用花朵或鳥羽編的小冠，袍子上也沒有披風。

欽命總督（即原先的福島國王）衣著亦華美。頭戴一頂華麗的大帽子，上綴寶石，做工精細。蓄短髮短鬚。領飾爲黑絲的，繡有銀飾。白色的絲質短袍繫著考究的腰帶，外罩寬大的敞襟長袍。右肩上佩一條巾飾，斜垂至左腰側。此外，肩披紅黑二色的絲質短斗篷。長袍襯有虎皮或豹皮的裡。他不穿長褲，只穿長襪，鞋子式樣和邦主一樣。

欽命總督夫人的衣著大致和邦主夫人的相同，但邦主夫人有華麗的冠帽，她卻只在頭髮

欽命總督

欽命總督夫人

上裝飾著羽毛和絲帶。她的袍子也和邦主夫人的相似，但披風形式卻像英國婦女的便袍那樣，前胸也有下擺，而且襯有皮裡。欽命總督之子穿兩件袍子，一長一短，長的在內，短的在外，短的只及於膝蓋。欽命總督之女衣著與其母相同，但沒有披風。此處所指的「夫人」，是初婚娶的第一位妻子，其他妻子的穿著則與一般貴族婦女相同。

貴族男子穿的外袍和欽命總督相似，但要束上一條腰帶，右肩佩一條巾飾斜垂至左腰側，帽子與一般百姓的相同。

「卡里藍」（Carillan）——即首席將軍——的帽子和欽命總督的一樣，但略小，前方鑲寶石。領飾爲絲質，沒有垂飾。不佩肩巾，但穿一件圍肩的絲質短斗篷，其下是絲的短袍。長褲和襪子繫在一起，鞋子和一般男子相同。長的外袍很寬，袖子中間開洞，手臂從開洞處伸出，袖口下垂。首席將軍夫人的衣著和欽命總督夫人相似，但沒有披風。其子女的衣著也和欽命總督的子女相仿。

貴婦人頭戴假花做的小帽，身穿長短袍各一件，短袍穿在外面，長度只到膝蓋，上束腰帶。帽上綴有頭巾，垂至肩部。其子女的衣著大致與首席將軍的子女相同。

城市百姓只穿一件袍子，蓄短髮。帽子與貴族一樣，帽頂是絲質或布料，上附垂巾，長可及地。平民也戴領飾，但不穿內衫，只在晚上就寢時換穿內衫。外出時只穿敞襟的外袍，胸腿都袒裸著，私處遮上一片銅質或金銀質的板片。鞋襪與前述他人相同。

平民的兒子戴小帽，穿短袍，繫腰帶，袍子長及大腿。鞋子與成年人相同，但不穿長褲或襪子。

鄉下人和居於野外的人只披一件熊皮，不穿袍子，私處用銅片或魚骨、樹皮遮住。其子只從右肩披一條巾飾垂至左腰，不穿任何其他衣物。鄉下人若是富有者，父子都在腰下圍一條腰帶，可蓋到大腿的一半處，便不必用板片去遮私處了。

平民婦女的衣著分爲五類，即女童、未婚女子、新娘、已婚婦人、寡婦，裝束各不相同。

一、女童，穿長及大腿中部的短袍，鞋襪同一般人，九歲以前不戴帽。

二、未婚女子，長及九歲便戴鳥羽頭飾，或是用絲帶做成花朵的頭飾。穿長及腳背的袍子，外罩短袍，束腰帶。長袍開叉，可見膝蓋以下的小腿。鞋襪如一般婦女。

三、新娘，頭戴花朵、桂葉、羽毛的冠飾，十分醒目。穿兩件長袍，裡面的一件是白色的，外面這件爲黑色，束黑色腰帶。左肩佩絲巾飾，斜垂至右腰側。外面這件黑袍是敞開的，可露出裡面的襯袍。新娘在求婚期間以至婚禮完成後的九天內，都是作這種裝扮，過後便改穿已婚婦人的衣帽了。

四、已婚婦人，穿長袍，內穿短及膝蓋的襯袍。帽子如碗狀，頭髮結成辮子垂在胸前。外出時要把臉完全蓋住。

五、寡婦，帽子爲雙層式，下面的一層和英國婦女所戴的相仿，上面一層是尖頂的。頭

首席將軍
將軍夫人
貴族
貴婦

城市平民
鄉下人
未婚少女
新娘

髮結成辮子。穿長短袍各一，短袍在外。短袍必爲黑色，長袍顏色不拘。袍袖長而寬，可及膝蓋。外束腰帶。

鄉下婦女上身只披熊皮，腰上圍著長可及膝的布。頭上束布巾，不穿襪，鞋則與一般人相同。其女兒只穿圍腰布，另在右肩上披巾飾，垂至左腰側，鞋子形式一樣。

福島人都戴臂鐲，婦女戴臂鐲也戴頸環。

妓院婦女的穿著，一看即知哪些人是被蘇列托送來的孤貧少女，哪些是被主人送來的不順服的傭僕。

孤貧少女不戴頭飾，長髮鬈曲，穿著像鄉下婦女那樣長及膝蓋的衣服，外披已婚婦人式的敞襟長袍，穿鞋襪。

不順服的傭僕纏頭巾，蓄短髮，袍長及膝，不穿鞋襪。其子女則按照母親的樣式穿著。

男奴隸頸上要戴金或銀的領圈，穿長及肚臍的緊身服，私處遮一板片。

女奴戴中國式寬帽，也戴領圈。上身爲長及肘的短斗篷，下圍腰布，鞋和鄉下人的一樣。

接下來要講軍人的衣著。

福爾摩沙邦主有衛士，欽命總督也有，穿著是不一樣的。邦主衛隊的軍官，穿的和首席將軍相似，但帽上沒有寶石，軍官們要佩肩巾。

邦主的衛兵戴圓帽，正面高起，其上有邦主的徽章。衛兵蓄短髮長鬚。衣服前胸有銀質

已婚婦女
貴族的傭僕
寡婦
鄉下婦女

胸兜，上面塑著邦主徽。腰帶是銀的，短外袍之下穿一件頭的褲襪。左腰佩劍，值勤時持戟或長茅。

欽命總督衛隊軍官衣著和貴族相似，但肩上不佩巾飾。帽子和邦主衛士的一樣。各軍階以衣服的顏色不同來識別，用什麼顏色則是隨邦主和欽命總督自定。

欽命總督的衛兵頭戴有兩翅的大帽，穿長袍，走路時從後面將袍挽起。下穿一件頭的褲襪，鞋子如一般人所穿。蓄短髮短鬚。所持的武器有短戟和箭，腰上佩劍。

負責各城守衛的兵士穿著如下：短帽短袍褲襪，帽上插二或三枝羽毛，衣服爲黑色。弓箭手持弓於腋下，佩有箭筒，長矛兵荷長矛於肩上，其餘兵種執短矛。

鼓手戴尖頂帽，正面飾銅章，章上塑有福島徽。穿短袍，短袍下穿長袍，長袍向後搭。衣服爲淺紅色。

軍旗官衣著和貴族一樣，因爲這個職位原本是貴族擔任。穿長袍，外罩短袍。

以上是就本人記憶的全部描述。歐洲人也許會覺得他們的衣著怪異可笑，但福島人自認其服裝的質料——如絲、棉、獸毛、錦繡——與顏色都是非常美的。他們雖然不在樣式上求新，在選用布料飾物上卻是十分講究的。

第二十章　城鄉建築

福爾摩沙只有六個城市。兩個在最大島卡波斯基上，即澤特尼特撒與賓諾。大佩莪科有一個城市，名爲查巴特（Chabat）；盜賊島有一個，名爲阿里歐（Arriow）；另一個盜賊島上有兩個城市，即皮乃脫（Pineto）和甲拉布特（Jarabut）。小佩莪科島上沒有城市。

澤特尼特撒是福爾摩沙的首都，也是諸城之中最美的。它位於舒適的平原上，城牆高二十肘尺，厚八肘尺。周長約一匹象走一天的里程，等於大約十六英哩。城區中包括田野、山丘、果園、草原等。城中心的房屋建築非常宏偉壯觀，距城中心不遠，一座山上有許多清澈的泉水。城建於河畔，河中魚產豐富，支流遍及全島。本城之所以美麗，主要因爲有幾座宮殿，如邦主宮、欽命總督堡、貴族府邸、祭司長宮、主獻祭官府等，都十分壯麗。

欽命總督堡外面是用方石塊砌成，石塊是以我們特有的方式切割的。室內都鑲著精美的木質壁板，裝飾著漆器、瓷器、絨繡、金盤碗等。城堡大部分是貼金的，總督專用的房間周長就有兩個巴伊克（bayk，一巴伊克約等於一英哩半）之多。大花園、步道、林區，都圍在城牆和護城河之內。堡內規劃得整齊完善，總督、夫人、僕傭、衛士、兵丁、奴隸等，都有一定的居所，一切井然有序。另外還有飼養馬匹、大象、駱駝的獸圈。總之，南面爲王者要享用的設備，它已應有盡有了。

祭司長的宮殿幾乎與欽命總督堡一樣大。邦主和首席將軍因爲不是世襲的，所以不會建這樣宏偉的宅邸，但貴族們都有很華麗的巨宅。首都另有三所大修道院，五座神廟，以及許多庶民的華宅。

在此特別要說明一下，福爾摩沙的房子都不高，大多數是兩層的建築，一層在地上，供涼爽季節居住；一層在地下，是炎熱季節住的。但各式房子的內部與外觀都是相當美麗的。

貴族和富人用四方形的石塊建屋，一般人則是用本色的木材建築外部，內部用油漆的木料裝飾，或是用鍍金漆色的細質陶土裝飾，福島語稱之爲「波爾赤拉諾」(Porche-llano)，是用「波爾赤」(意指土)與「拉諾」(意指修飾的)兩個字合成，英語即指「瓷製」。都市百姓的房子爲長形，鄉下人的房子是圓形(見下頁附圖)。

不過，長形的房子有時仍可在鄉村看見，而城市的較偏遠地區也常有圓形的房子。

賓諾雖是很不錯的城市，但其中並沒有特殊的建築。同樣在最大島上的海港市鎮哈德杰，面積廣闊，包含許多小區，但由於周圍並沒有建城牆，只能算是村莊。

查巴特、阿里歐、皮乃脫都是城市，但無甚值得一提的特色。但甲拉布特這座城是圍繞

欽命總督堡

城市房宅

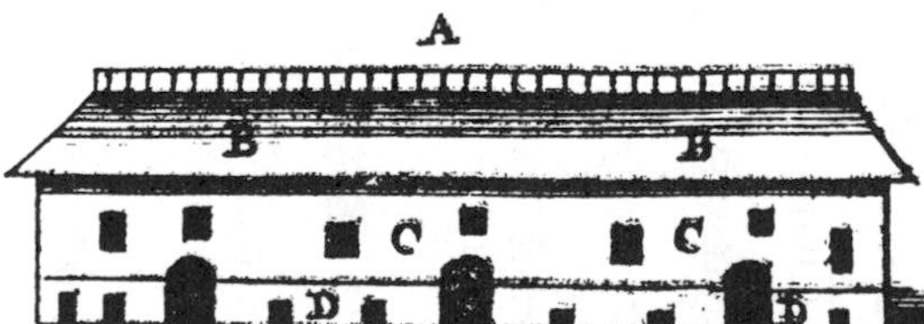

鄉間房舍

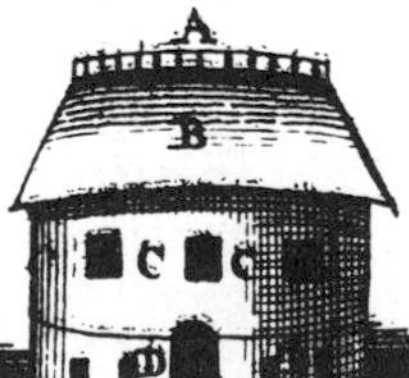

著一座山而建的，山高約一英哩，山頂上是市長的府第。從市長府向下看，全城一覽無遺，在城中每戶居民的屋頂上也都能看見市長府。城內有一處噴泉，塑著以後脚作人立狀的大象，有二十肘尺高，象身各部位都噴出泉水來。

一般日本人都相信，這噴泉是一萬一千五百年前建的，斥建者是一位神或大英雄。他是被放逐到此的，而他初來時，這兒還是無人島。這位神叫「阿爾巴婁」(Arbalo)，意即「飄泊者」。按傳說，他建了噴泉之後，從噴泉得到水果、肉、甜酒。後來他離開此島，噴泉就不再湧出這些食物和美酒。島上漸漸有人居住後，有人發現泉水成分很特別，就掘渠引取城中央山上的泉水下來，至今在阿彌陀神廟中，仍繪有阿爾巴婁泉水的神像。不過福爾摩沙本地人不大相信這傳說，他們雖不知這噴泉是何人於何時所建，卻稱這有泉水的地方爲阿爾巴婁。

我敍述這個傳說，既不認爲它是絕對事實，也不認定它是憑空揑造的。我覺得其中有些許眞實成分，以下是我爲此特別作的說明。

首先請讀者注意，凡是固定名稱的神祇，如阿彌陀、釋迦、納言、阿爾巴婁等，都是前輩古人，因爲生前品德高超或行爲英勇、功勳卓著，死後被尊爲神。阿爾巴婁便是這樣一位神，日本人尊他爲豐收之神，他的塑像通常置於一叢穀米或大麥之中。他的名字是「飄泊者」，乃是因爲他經常穿梭田野樹林中，賜福給土地上生長的果實。

再者，阿爾巴婁生前可能能做了得罪日皇的事，因此被逐出日本，這一點是不難想像的。

但令人難以理解的是，他怎會到福爾摩沙來？（福島距日本有二百里格之遠，當時是無人島，而且日本人尚不知有這個島存在。）

因此，我們不妨假設，這位阿爾巴婁神是貴胄後裔（日本的大英雄全都是），或曾是位高權重的要人。這樣假設比較可能是事實，因爲，他若出身微賤，犯罪應被處死，而不是被放逐。假設他是尊貴之人，被放逐到鄰近日本的島上，他可能帶著大批從僕隨行，從日本啓程後，航過呈一直線的許多小島（這些島嶼彼此很接近，晴朗天氣時，目視便可看見鄰島），終於抵達福爾摩沙。他出於好奇，便帶著從僕在這個島登陸，發現這兒美麗宜人，就住了下來，並且建了這噴泉。我們可以假設，他後來又回日本去了，有些人從那時起便居住在這島上。

我必須承認，福爾摩沙沒有上溯到這麼久遠以前的史記，日本才有這些古史。我們最古的文獻都已經佚失，阿爾巴婁來此以後，一直到日本奪佔福島爲其屬地，其間日本與福島有何交往，已無從查證。然而，就以上假設推論看來，阿爾巴婁的故事並不如初聽之下那麼不可信了。

除了上述諸城市之外，另有一些海港鎭規模其實大於城市，卻因沒有建城牆，都只算是鎭或村，如阿奧克（Aok）、路克角（Louojau）、伏（Voo）即是。村或港口鎭都要聽命於城市，而各城市須聽命於首都。

小佩莪科島上既無城也無村。此島以前是福島國王（即現在的欽命總督）所有，後來賣給了祭司們，成為放養供獻祭之四足畜牲的地方。這兒的畜牲盡由島民捐獻（每生三頭捐獻一頭），放養至適用時才獻祭。因此，小佩莪科島上只有一些飼牧工人在照顧畜牲。這兒出產的青草和乾草俱豐，若種植其他作物，收成必也不差。但因為已是當作放牧場用了，並沒有種植作物。

以上即是福島城鄉概況的要點。讀者應注意，福島的城市與日本的城市，無論規模大小，建設之精美，都有極大不同。日本人來此，對於福島城市之美觀、建設、便利，都是讚不絕口的。

第二十一章 礦產與工藝

序文曾提及，福爾摩沙盛產黃金、白銀、香料，康地丟斯以及他人所言皆不實。福島黃金之豐富，引來中國商人（他們按時價付全額向我們買，出口時再付貨價三分之一的關稅）大量向中國出口。遠途而來的黃金在中國價格雖高，但仍不及在歐洲這麼貴重。

白銀價值比黃金少三分之一，故十六盎斯的黃金便可換取二十四盎斯的白銀。後文談通貨時將詳述。

紅銅價很賤，但黃銅因為是外地運來的，所以價格貴。此外，如錫、鉛、鐵也是中國人、日本人、荷蘭人以高價輸入的，價格也較貴。

最大島卡波斯基有兩處金礦、兩處紅銅礦，但沒有銀礦。由於金銅的兩處礦場都很接近，不妨說是有一處金礦一處銅礦。

大佩莪科島也有一處金礦，以及一處銀礦。金礦產量比起卡波斯基的產量，那是小巫見大巫，但銀礦產量非常豐富，多少代來持續大量開採，仍然毫無耗竭的跡象。這兒出產的銀因為質佳、色白、柔韌故而價格貴，其含銀量為五成，別處的銀礦只有兩、三成的含銀量。

兩個盜賊島之中，其中一島有兩個小銀礦，但福島人希望能進一步尋出更多礦脈。

另一個盜賊島上有一種黃色金屬礦，外國商人都不買它，我們卻認為它很有價值，因為它在許多方面比黃金更有用，其色澤質地都很像黃銅。這礦在一個大山的頂上，鄰近礦脈有一條急流，水中就含有大量這種金屬，福島人以布放在流水中撈取，收穫都相當好。

以前這些礦都屬於福島國王所有，自從福島成為日本領土以來，變成日本皇帝、邦主、欽命總督均分的財產，開採費用由三人分攤。金屬純化之後，要分別送進宮府，供鑄錢幣或製造宮府的器物之用。有一部分賣給商人，一部分給金屬工匠，有專司礦產處理的官員負責。一般民衆若無邦主或欽命總督特發的許可證，不准賣金屬給外地人，本地人也不可私下買賣。

福爾摩沙產絲也非常豐富。所有婦女（連最尊貴的夫人們也不例外）都養蠶，有人是閒暇時養著好玩，會把絲賣給工匠。多數人養蠶是自己纅絲織綢緞。由於家家產絲，福島人的衣服幾乎全是絲製的。

福島產兩種棉布，細棉是生長在大樹上的棉製的，另一種則是灌木生長的棉。一般衣服也有棉製的，但絕大部分被婦女用來製成精美帷幕、繡畫、地毯等。這些東西我在英國也看見過。福島婦女很愛做這類編製刺繡的手工，但製做絲絨、絲布、毛皮則是男人的工作。

福島人幾乎不穿羊毛布料，所以無人製造。如果有需用羊毛布時，都是向荷蘭人購買。

我們也不製亞麻布，因爲福島不產亞麻，需要時也是向荷蘭人購買。

我們會製磁器，並加以彩繪、鍍金，工藝精美，比中國人還好得多。我們的造紙術是向荷蘭人學的，以前我們不會造紙，都是用銅板、羊皮、樹皮來書寫。如今我們用的是絲製的紙了，和英國所製的很相似。

福島人的鞋不用皮革做底，而用樹皮製鞋底，用獸皮製鞋面。

第二十二章　度量與數字

荷蘭人未來到福爾摩沙以前，福島人用某種方法計數，可以算出數目之多少。但並沒有類如磅與盎司這樣的計重量單位，因此買賣東西時是用目測，並不稱重量。荷蘭人來了以後，我們才曉得，交易時有磅和盎斯的準則是多麼方便。於是我們開始在買賣稀罕物品時，按磅與盎司計重量，但是普通價值不高的物品，則由買賣雙方議定，用五十磅或一百磅來算。我們的磅的單位和荷蘭磅一樣，每磅有十六盎司，但是比法國的磅要重。這是我藉福島錢幣「小判」(Copan) 證實的。一個小判用法國磅來稱是一磅有餘，但用荷蘭磅稱只有一磅。

福島人稱物品並沒有定制的秤，而是隨個人習慣用大秤或小秤，計價時則按稱出的重量計算。我們用秤，和英國肉販稱肉用的秤一樣，但有的較大，有的較小，視當時需要而定。

荷蘭人未到來之前，我們算數目時只用手指比劃，卻沒有像「一、二、三」這些專表數目的字詞。由於荷蘭人不懂得我們的計數法，就要求我們特別創出一些名詞，用來表數目。茲列如下：

1 掏夫（Taufb）	2 波吉歐（Bogio）	3 查爾荷（Charhe）
4 奇奧爾（Kiorh）	5 諾金（Nokin）	6 得奇（Dekie）
7 每尼（Meni）	8 賽尼歐（Thenio）	9 索尼歐（Sonio）
10 孔（Kon）	11 阿姆孔（Amkon）或掏夫孔（Taufkon）	
12 波吉歐孔（Bogiokon）	13 查爾荷孔（Charhekon）	14 奇奧爾孔（Kiorhkon）
15 諾基孔（Nokiekon）	16 德奇孔（Dekiekon）	17 每尼孔（Menikon）
18 賽尼孔（Thenikon）	19 索尼歐孔（Soniokon）	20 波爾尼（Borhny）

21 波爾尼掏夫（Borhny-tauf）或阿姆波爾尼波吉歐（am Borhny Bogio）（以下類推）

十進位數字

30 查爾尼（Chorhny）	40 奇奧爾尼（Kiorhny）	50 諾奇奧爾尼（Nokiorhny）
60 得奇奧爾尼（Dekiorhny）	70 每尼奧爾尼（Meniorhny）	80 賽尼奧爾尼（Theniorhny）
90 索尼奧爾尼（Soniorhny）	100 托姆統姆（Ptommftomm）	1000 拉那特（Ianate）

所有數目都可依此規則組成。

第二十三章　一般迷信

福爾摩沙一般百姓好以迷信的方式預測事情，已經到了不論大小事都卜吉凶的地步。他們尤其愛好從夢的內容上論吉凶，我就所能記憶舉幾個例子：有人夢到自己和一群婦女共享盛宴，這表示有許多仇敵正打算殺他害他。若是夢到自己被獅子、毒蛇或其他猛獸所傷，就應該提防有人傷害自己。如果夢到自己殺死猛獸，則表示安全無慮，在未有相反的夢出現之前不必擔心。

若夢到自己的親屬死了，或夢到自己死了，表示神在震怒，做夢的人就該去請教祭司如何求神息怒，而祭司通常是主張向神獻祭品。如果夢到身上有蝨子、蚊蚋、螞蟻之類，表示已故親屬的靈魂正困在獸畜的形體裡，需要錢或其他物品（如第十四章所述），做夢的人就會把這些東西交給祭司，請祭司轉交給受折磨的靈魂。若有人夢到和別人的妻子同床，就要提防有別的男人私通自己的妻子。諸如此類藉夢預卜未來的例子非常多。

除了夢境之外，其他事情上也可看預兆之好壞。例如，早上醒來浮現腦中第一個念頭是什麼，看見的第一頭畜牲是什麼。不過，腦中的第一個念頭若沒有引發任何想像，這預兆就會應驗在別人身上，與自己無關。如果引動了想像，就要應驗在自己身上了。

有一類人自認能夠把大小預兆都解釋出一個究竟。可是他們推測的往往並不準確，因此人們就去向祭司們抱怨。祭司們再上報欽命總督，指這些人犯了重罪，欽命總督便把這些人判了死刑。此後解說預兆就成爲祭司專屬的特權，而且他們不論怎麼講，也不會被指爲說假話。他可以說某事表示神對某人感到欣慰或震怒，某事表示某人的已故親人需要錢，某事又表示親人的靈魂化爲天上的星星了。人們對祭司的說法都毫不懷疑，也因此會把自己經驗的兆頭都告訴祭司。

下面我要講一個有關解說預兆的著名的事件。有一位非常迷信的鄉下富人，長久以來凡事都請祭司解釋，而祭司經常作的解釋，是他的某位親人正急需錢用。後來，這個人不堪一再送錢給祭司的負擔，而且他覺得自己交出去的錢，已經足夠爲福島所有人的亡靈贖罪了，於是想出一個欺騙祭司的計謀。有一回，他便告訴祭司，早上他在花園裡見到一百多隻小鳥在鳴唱，但鳥兒隨即飛走了。

祭司就說：「假如這些鳥兒在花園停留的時間比較久，可以確定你的亡故親人都已經化爲星星昇天了。但是它們突然飛走，這表示他們正需要什麼。如果把他們需要的東西供足了，你今晚就會看見他們昇入天空。爲了解救亡靈，你必須給我多少多少黃金、多少多少白米，以及多少多少其他物品。然後你晚上在屋頂上待兩個小時，就會看見星星向上昇，這些都是你早上在花園看見的鳥兒象徵的親人亡靈。」

這鄉下富人雖不願意，仍舊如數交了黃金等物品。也許他仍相信祭司的話有幾分眞實，到了晚上，他便登上屋頂，果然看見星星在移動，和祭司預測的一樣。但是他在屋頂上看了一整夜，發現無數的星星都在移動。接下來的一整星期，他每晚都去看上一整夜，估計移動的星星數目，大約等於三年來福島全部的死亡人數了，他便去找祭司，一五一十說了經過。祭司曉得詭計被揭穿了，就帶他去見主獻祭官，主獻祭官再帶他去見祭司長——也就是他們的教宗。祭司長聽他們報告了詳情之後，就判那位祭司無期徒刑，因爲他膽敢把亡靈化爲星星的奧秘洩露給那鄉下人。至於這鄉下富人，因爲不尊敬順從祭司而被判了死刑。從此以後，人人都可看出祭司是如何壓榨百姓了，但百姓即便已知祭司行騙，也不可以公然表示任何懷疑之意。

同樣的例子我還可以舉出很多，例如解釋狗吠或號哭的預兆，解釋母雞爲何啼聲像公雞，蛇在田中吐信，熊不走出樹林，鷹棲在角樓上或屋頂上、樹上，這些都可以解釋爲吉兆或凶兆。我恐怕再多說連讀者也不耐煩了。

第二十四章　疾病與醫療

福爾摩沙最嚴重的疾病是瘟疫。福島人都相信瘟疫不是自然因素造成，而是日月星辰爲懲罰人類而降下的天譴。所以瘟疫降臨時只用獻祭，而不用醫藥。但瘟疫難得發生，如果我們的史書可信的話，上一次的瘟疫發生距今已有一百七十年了。瘟疫期間，福島有一個很可取的習慣做法：登到最高山頂（平時是無人居住的），去呼吸最稀薄的空氣，因爲這是很有益健康的。同時要在山上找泉水，大量飲用，除野菜和某些水果不吃別的食物。等瘟疫過去了，再下山返家。

至於歐洲常見的間日熱、三日瘧、痛風，在福爾摩沙是從未聽說過的。但我們那兒有時（但頗罕見）會有發高熱的病，有時有頭痛或腹痛的病，但病期都不長。凡有感覺身體不適，或曉得自己已經生病了，通常會用以下的辦法來醫治：病者用全力盡快跑上兩、三英哩，這時由旁人替他熬藥，等他跑完回來，全身大汗淋漓，喝下這藥，立刻到床上躺，不斷出汗至病癒爲止。這藥是用根薯、藥草（一定要用鼠尾草）、香料，以及一、兩種毒蛇，放在六夸特的泉水裡熬煮，待藥汁收乾了三分之二，就可濾出藥來給病人喝。病人要趁跑步的熱汗未涼之前盡快喝下藥，之後會猛出汗，很快就會痊癒了。

福島人有節制的生活方式，對於預防與治癒疾病也有很大幫助。特別是抽菸時，可以滌除腦中與身體裡的鬱悶不快。英國人普遍愛上酒館，那種地方賣的烈酒，喝了是對身體有害的。福島人閒暇時的活動大都是散步、聊天、抽菸斗或菸捲。喝的東西不過是一碗茶或奇拉酒，這些即便不是有益健康，至少也是無害的。也因此故，福島人的壽命一般都比英國人長，而且不會罹患英國人常患的那些疾病。以爲只靠空氣良好便能保持健康，是錯誤的觀念，必須配合有節制的飲食習慣。此乃我經驗之談。由於飲食有節制，我不論是在故鄉，或是在我旅行的各個國度，感謝上帝，我的健康身體都不會受氣候變化的影響。只是在來到歐洲以後，偶爾會害痛風。

天花在福爾摩沙十分普遍，幾乎每個人都罹患過。但通常都是在幼年時期，如一個月至六個月大的嬰兒時期，至遲也不過是一、兩歲時，三歲以後得天花的人少之又少。我也從未聽說有人死於天花。

害過天花之後通常會生一種病，福島人稱之爲「先姆皮歐」(Schimpyo)，是一種皮膚發紅症，加上體內發熱。嬰兒若害此病症，會有生命危險，必須在不透風的暖和室內養息，不可到室外，至痊癒爲止。幼兒害天花和先姆皮歐的時間不會很長，至多三、四星期就可康復。

腹絞痛是福島常見的病，害起來也很兇。一般多是著涼所致，但也有很小心照顧自己的人害這種病。治療方法是飲烈酒、呑銀彈丸，或是將患者頭下脚上吊起來。但一般極少用這些醫療法。患者往往痛不欲生，寧願自殺，或要求友人結束他的生命。應他要求的人絕不會拒絕，因爲人們認爲讓腹絞痛的人從這種折磨中解脫，乃是仁慈的行爲，並不是殘酷之舉。但如果病者不曾要求一死，殺他的人是可處死刑的。

婦女死於分娩，我認爲是因爲缺乏運動所致。她們懷孕之後便足不出戶，整天坐著工作。有許多孕婦尚未分娩就死了，分娩時逃過一死的人也得受極痛苦的折磨。有些人甚至臨盆之前的一個月，就開始受苦痛了。

到了十八至二十歲仍未婚的女子，多半會患一種病，福島稱之爲「查它爾斯科」（Chatars-ko），即英國人說的萎黃病。患此病的人情緒憂鬱、食慾減退、對一切事物（除了結婚）都了無興趣、膚色變得蒼白。這種病只有女性會罹患，唯一的療方就是結婚。

以上便是我所能記憶的所有病症了，若有其他，也是我仍未聽說的。我在此的結語：福島人不論男女都是老死的佔大多數，極少有人因病而死，僅有的例外是分娩或腹絞痛。百歲以上的老人而無任何病痛者，在福島很常見。讀者若問福島人有沒有患梅毒的，可以說我以前從未聽說這種病，可能福島根本就沒有，因爲那兒允許一夫多妻而禁止通姦。

第二十五章　邦主、總督與官吏的收入

邦主的收入，除了前文論礦產時所提的，可得開採黃金、白銀總量的三分之一以外——這是由欽命總督付給的，另外還可獲日本皇帝給的四十萬小判俸祿。四十萬之中，有一萬五千小判用來維持官中威儀與發餉，領餉者包括日本兵和宮城衛士。首席將軍年俸七萬小判上下。欽命總督的年俸是十六萬八千七百六十小判，其中包括要發給祭司長的五萬；發給七位主獻祭官的七千七百；發給四位島總督每人九百；發給六位市長每人五百；發給十六位村鎮長的四千（各人爲三百、二百五十、二百不等）。俗事祭司的酬勞由人民支付。以上的支出扣除，欽命總督剩十萬零四百六十小判，這其中還包含付給軍隊、政府職工、衛士等等的薪餉。欽命總督的年俸並沒有固定數額，有時較多，有時較少，但其他官吏的薪俸都有定數。

欽命總督的歲入來自礦產、貨物稅和進出口關稅。貨物稅由商人、鄉民、以及所有無政府公職的人繳納，抽取一切貨物價值的十分之二，所以叫作「土恩孔波吉歐」（Tuen Koon Bogio）。關稅叫作「土恩得奇波吉歐」（Tuen Dekie Bogio），意指「三分之一」。

第二十六章 農產作物

福爾摩沙不生長小麥、大麥之類的穀物，因爲陽光太烈，土壤是乾燥的沙質土，沒有充足水分滋養這些穀類成長。但福島人利用根薯來製麵包。常用的根薯有兩種，一是「奇托克」（Chitok），另一種是「馬諾克」（Magnok）。兩種都像油菜一樣撒種，成熟時粗如男子的大腿。兩種都是一年收成兩次，有時候可以收成三次。成熟採收之後，便放在陽光下曬乾。曬乾後磨成粉，調入牛奶、水、糖、香料，可以烤出很美味的麵包，顏色白如雪，我們稱之爲「哈茱道」（Khatzadao）。我們也吃小麥製的麵包，這小麥是從外地來的，所以價錢很貴，一般人吃不起。另外還有一種用米和藏紅花煮製的麵包，很像英國的布丁，我們稱之爲「克迭克」（Kdekh），但這種麵包不能久放。

福島也產葡萄，有幾個地區的葡萄可製酒，這種葡萄酒不像西班牙酒那麼甜。福島的西班牙酒、歐洲麥芽酒都是荷蘭人輸入的，但價錢很貴，本地人並不像歐洲人那麼愛喝這些酒。福島的其他飲料還有阿爾馬諾克（Ar-magnok）、噴太特（Puntet）、查爾波克（Charpok）、奇拉克（Chilack）、咖啡、茶。阿爾馬諾克和馬諾克麵包是搭配食用的，因爲兩者配在一起對健康有益。

製酒的方法如下：取大量的米和泉水同煮，煮成黏稠狀後，將米糊團成如男子拳頭般大的球，置於露天曝曬，然後再放入新鮮泉水煮，煮到相當時候，裝入陶皿發酵。製成的酒和英國的啤酒一樣濃烈，甚至更烈，而且放得愈久味愈烈。這種酒蒸餾後，可成爲白蘭地之類的烈酒。噴太特是取自樹木的汁，每年有固定的採樹汁的季節，採得的樹汁放入容器，調入糖，存放一段時日後，就成爲味道和燕麥酒一樣的飲料。

查爾波克是一種樹木結的果實，也指這果實製成的飲料。這種樹很像胡桃樹，與其他樹木不同，一般結果實都是往下垂掛的，這樹的果實卻是直立向上的。果實的形狀和體積與葫蘆相似，顏色是淺黃的。果實成熟後，可用四種方法製飲料。第一種是在果實上戳小洞，流出來的果汁味道和白蘭地差不多一樣烈。第二種方法是用手榨出汁來，第三種是用木頭製的碾子榨，第四種是把榨過的乾果實放在水裡煮，製成味道和英國劣質啤酒一樣的淡酒。

奇拉克是白色粉末狀的，煮食方法和咖啡一樣，可以加牛奶煮或加水煮。它與咖啡不同之處，在於它可以喝涼的，咖啡卻必須熱飲。這種白粉是用一種叫作「奇」（Chi）的根莖磨成，中國人食用它的方法甚妙，但不清潔。他們先讓沒牙齒的老婦人把它嚼爛，再放入牛奶或水來煮。咖啡和茶的飲用方法，和世界各地是一樣的。除了上述各種飲料之外，還有許多別的，如「布藍」(Bullan)，是用蘋果和梨，或用橙和檸檬製做的。另一種是大麥糖漿調製的甜飲。最簡便的當然是牛奶和清水了。

英國有的水果，福爾摩沙幾乎都有，但樣式不這麼多，產量也比較少。福島只產兩種蘋果；一種很大，顏色半紅半褐，搖動時能聽見果核滾動。另一種較小，是淺黃色的，上面有像是用針刺過的斑點。福島的梨很黃，大如男子的拳頭（有的更大些）。櫻桃只有一個島上生長，大如胡桃，而且很硬，半邊白色，半邊泛紅。杏和桃很普遍，堅果和李子卻很稀罕。另外有些水果是我在別處都沒見過的，我不知該如何描述。除此之外，橙子、檸檬、糖的產量都很豐富。英國不出產或極稀少的胡椒、肉桂、丁香、豆蔻等香料，以及茶、可可、咖啡等，也都盛產。

福島的樹木一年結實兩次，無花果樹更是結實三或四次。同樣的水果，英國生長的不及福島的一半甜美。福島的土地似乎特別適於水果成熟增甜，英國的卻不然。例如，英國也有福島的那種「噴太特」樹，但不論什麼季節去採樹汁，都不及福島採汁量的二十分之一，嚐過的人也說它並不好喝。福島產米量極大，這種穀類既是歐洲人均已熟知的，我也不再贅敘。我對一般草本植物所知甚少，只能提一種最受福島人重視的「坦巴克」(Tambackh)，也就是歐洲人所說的菸草。

第二十七章　一般食品

除了上一章所述的麵包和水果，福島人也吃肉類。但不是所有禽獸肉都吃，因爲有好幾種牲畜肉是禁止食用的（前文曾提及）。可食用的有：豬肉，所有禽類——鴿子和斑鳩除外，一切野味——母鹿公鹿除外，所有海魚和淡水魚。福島也吃人肉（如今我已知這是野蠻行徑了），除了吃被俘虜被殺的敵人之肉，也吃被處死刑的罪犯，而罪犯的肉一般視爲佳肴，價格比其他稀有美味肉品貴上三倍。買死刑罪犯的肉要找劊子手，因爲依法，行刑者的屍體乃是劊子手的薪酬。受刑者死後，他便將屍體分割，放掉屍血。他的家於是變成肉舖，買得起的人便可上門光顧。

我記得約十年前，一名十九歲的豐腴、漂亮、美膚的高個子小姐被處死。她本是邦主夫人的梳妝女侍，因爲計謀毒死邦主而被判了叛國罪，依法要受最殘酷的死刑。因此她被釘上十字架，每當她痛得暈過去，執刑者就給她灌烈酒，儘量拖長她受苦的時間。釘至第六天，她死了。長久的疼痛，加上她年輕肉嫩，使她的屍肉又柔韌又美味，價錢賣得極貴，達到八它伊婁（Taillo）的好價錢。買者爭先恐後，連富貴人家都未必搶購得到。

吃敵人肉的習俗，據福島傳說，自古就有的。以前的人在打敗敵人時吃敵人的肉，一則解恨，二則可發揮阻嚇別人再來侵犯的攻效。吃了肉之後，更進一步把敵人的骱髏骨骸和武器掛在家裡最顯眼的地方，當作最佳裝飾品。依我想來，祖先發現，這麼做既吃到美味的肉，又嚐到復仇的快感，所以把這吃人的野蠻作風留傳給子孫，至今仍然遵循不改。

福島人吃各種肉都是生食。偶爾（極爲難得）會看見，有人把肉放入滾水去燙乾淨或弄熱，或有人把肉放在火上烤乾水分，即便是這麼做了，仍是等肉放涼了才食用。吃肉的佐料用胡椒、丁香、肉桂、豆蔻，或其他香料，但不用鹽或糖。魚也是生吃，但是要蘸上米磨的粉，再置於炭上弄熱。

蛇肉是佳肴，而毒蛇更是其中的上品。蛇肉調味法和魚肉一樣，但爲預防中毒，殺蛇之前要用木棒猛打它，使蛇因憤怒而全身毒液都衝至頭部，待割去蛇頭，就可以安全食用了。

雞蛋、鵝蛋等也常食用，但均不烹調。

米是普遍食品，烹調者能做出二十道不同口味與色澤的米食菜。一般認爲吃太多米對視力有害，也許正是因此緣故，福島人大多患近視。

豆類也是重要食品，其烹調法和米相同。

以上便是福島人常吃的食品——就我所記憶——的全部。

第二十八章　飲食起居方式

第一，凡是不必靠勞動工作謀生的人，於早上七點鐘左右吃早餐。先抽一斗菸，然後飲武夷茶或綠茶、鼠尾草茶。飲畢，取毒蛇割下其頭，吸吮蛇血。就我個人的意見而言，這是最理想的早餐了。午餐的食物大多不出前一章所述各類。晚餐主要是吃水果、穀類，加上香料。喝的方面是各人隨自己喜好的，但飯後抽菸，乃是福島人認爲保養身體必不可缺的一項。

餐桌高不超過一肘尺，用餐時盤腿——如英國的裁縫那樣——坐在地上。富貴人家用坐墊。端上桌的肉都已切成小塊，吃的時後用兩根削尖的棍子，兩手齊叉盡快地吃。英國人所說的流質食物，即湯水類，一般人用手掌捧來吃，文雅的人也不用湯匙，而是用貝殼舀。

富貴人家用餐時會用碗、盤、碟子等器皿，一般百姓只在餐桌面上挖些圓形的凹洞即可。

第二，有地位的富貴人喝東西是用各人的杯子，一般百姓是全體共用一個容器。福島人喝飲料時從不舉杯互敬。某人若喝過了，就問：誰要喝？如果沒人要喝，就把杯子擺在自己身邊，等有人要喝才遞過去。福島人喝飲料時嘴唇不觸杯子，而是把杯子舉起來往嘴裡倒。

第三，抽菸方式有所不同。善抽菸的人用一種短菸斗，盛菸絲的斗很大，一次可盛大約四分之一磅的菸絲。菸癮不太大的人抽的菸斗較小。不喜歡菸斗油熱的人，用兩三碼長的菸斗杖來抽。另有些人不用菸斗，只是把一張粗菸葉捲成筒狀，一頭點火，一頭放在嘴裡吸。

抽「交際菸斗」的絕妙方法，不可不提。假設有十至十五個朋友圍著桌子而坐，桌子中央便放著一個類似菸斗上盛菸絲斗的一個碗，裡面裝著不超過四、五磅的菸絲，碗底有一圈用塞子堵住的小洞。僕人拿著一條火燙的紅銅片和一把細的菸斗杖來了，先用銅片點燃菸絲，再給每人送上一枝菸斗杖，各人把菸絲碗底的塞子拔出來，把菸斗杖插進小洞，便可一同抽交際菸斗了。福島語稱獨自抽菸斗爲「阿比阿奧爾」(abiaor)，抽交際菸斗乃是「阿比阿奧早爾」(abiaozaor)，意思是「一同抽菸」。抽交際菸斗乃是友誼的象徵，如果你問某人與另一人是否熟識，他若答已經和此人「一同抽菸」，就表示頗有交情了。

煉丹術士說沒有土火風水四行，世界便不能延續。福島人則說，人生少不了吃、喝、抽菸、睡眠。所以福島人不論老少貧富都抽菸，兒童從能拿穩菸斗起就由母親教抽菸了。

生活的第四件必需事物是睡眠。商人和工人通常是每天睡七小時，從晚上九點到早晨四點。高貴的富人睡六小時，從晚間十點到早上五點。不過作息時間也會視情況所需而更改。富貴人家的床鋪有四層墊褥：最下面一層是稻草，第二層是羊毛，第三層是羽毛，最上面是棉褥。床單通常是絲綢的，睡衣是絲質長袍。城市人大都睡雙層墊褥，下層是樹葉，上層是羊毛。鄉下人只用稻草、樹葉，或其他粗陋的東西。

第二十九章　常見牲畜

英國飼養的牲畜，福爾摩沙大致都有。但如大象、犀牛、駱駝等對人類有極大用途的馴獸，福島有，英國卻沒有。福島海岸有時也可看到海象出沒。另外有些野獸也是英國沒有的，如獅子、山豬、狼、豹、猩猩、虎、鱷魚等。福島有一種野牛，比獅子和山豬還要兇猛，一般人都相信，是罪惡的靈魂在以野牛之身悔贖重罪。

有一種怪獸是頭與身體像母牛，角像公鹿，尾巴像山羊，這獸很容易馴養，用途與馬相同。不過福島從未聽說過龍和獨角獸，只知道有一種魚是生了獨角的。獅身鷹首獸也是從未有人見過，大家都認爲這是人想像出來的，不是眞有其事。

除了以上各類，還有馴養的蛇，人們把它纏在腰上帶著走。養在房內的蟾蜍可以把一切有毒之物都吸除；馴養的黃鼠狼可以吃老鼠，花園裡則可以養龜。另外有一種叫作「瓦爾契也羅」(varchiero)，長得很像蜥蜴，但比蜥蜴小，是專門對付蒼蠅的，它的外皮平滑，像玻璃般清亮，而且會因身體狀況的變化現出不同的顏色。看它努力又專心地追捕蒼蠅，是極有意思的。不論蒼蠅是在桌檯上，在肉上，或在飲料上，它都不放過，而且幾乎從未落空。這種動物除了福島之外，只有日本和美洲有。

前述的一切英國沒有的牲畜，讀者多已熟知，也就不再贅述。

第三十章　語言文字

福爾摩沙語文和日本是一樣的，只不過，日本語的某些字母，不像福爾摩沙語那樣用顎音發聲，助動詞的發音也不像福爾摩沙語要提高或壓低。例如，福語的動詞現在時態不必提高或降低音調，如 Jerb Chato, ego amo。過去完成式要提高音調，未來式要降低。過去未完成式和過早完成式（plusquam perfectum）以及略後完成式（paulo post perfectum），都是加助詞讀出。動詞 Jerb Chato, ego amo 的過去未完成式，是 Jervieye Chato, Ego eram amans，或作 Ego eram amo。過去完成式是 Jerb Chato，讀時將第一音節語調上揚，後兩個音節下降。過早完成式要加助動詞 viey，音調高低和過去時態的一樣。

Jerb Chato 的未來式讀法，第一音節下降，後兩個音節上揚。過早完成式的讀法一樣，只要加上 Viar，如 Jerb viar Chato, ego ero amo。日語的說法卻是 Jerb Chato, Jerb Chataye，Jerb Chatar，其助動詞的讀法不變。

日語名詞的性分三種，有生命的動物分別爲陽性或陰性，無生命的名詞一律爲中性。性別的區分全靠冠詞，即 vi, bic, ey, hæc, ay, hoc。但複數名詞不分性別，冠詞用法一樣。名詞並沒有主受格之分，但有單複數之別——沒有雙數用法。如：Oil banajo, hic homo, os banajos, hi homines。不過，在此既然不是要講解福語文法，只是大致提供一個概念，說它大體上是十分簡易、音調悅耳、語彙豐富的語文，應該就夠了。若有讀者問：它是從什麼語文起源而來的？就我所知，除日語之外，其他語文都與它沒什麼類似，但我也發現福語有許多字彙是從別的語文而來，只是符號和字尾有所變化而已。

福爾摩沙文字的寫法和我所知的任何其他文字都不同。在此以鄰近的中國文字和日本文字作一比較。

第一，去過中國的人都知道，中國字可藉加減筆劃來表達一個或多個語調。由於這種書寫法太難學了，商賈們似乎另有一套用來記帳的簡易字母。我會這麼講，是因爲許多十至十五歲的學做生意的小伙子都會幫老闆記帳，但三十歲以下眞正能寫中文的人卻難得見到。此外，我看過很多中國的貨品箱，上面標示貨名、重量、價值的字，和大官文人們寫的中文是不一樣的。我對中文所知實在有限，因爲我雖有好奇心，卻沒空閒去把它徹底學會。

第二，日文有四種寫法。第一種是由上至下直寫，據說這種寫法是從中文傳來，日文的字也是從中文來的。但歷經長久時間，加上日本人仇恨中國人，日文寫法已大有變革。第二種寫法只有神職的祭司會，是以單字代表整個句子，和歐洲文字一樣是自左至右橫寫。第三種比前兩種都簡單，是用一套字母——含十二個母音和六十一個子音，可清楚表明發音法和語調轉換。這種寫法是從右往左寫，到一行末了，再接著從左往右寫，然後再從右往左，一直寫至整頁寫完，而整頁的字呈一條連續的拐彎線狀。這種書寫法叫作「力巴那托辛」(Ribanatohym)，是以「利巴那爾」(Ribanar，意指「寫」) 與「托辛」(tohym，意指「來回」) 兩個字組成。第四種是仿效福爾摩沙文的寫法，後文將詳述。

第三，福爾摩沙文的書寫，比中、日文都簡單。我們有三十個字母，但每個字母可有四、五種寫式。(見附表)

先知撒瑪納札未出現以前，福爾摩沙是沒有字母的。他用自稱是神賜的字母寫成了《甲爾哈巴底翁德》，並且把這套字母教給祭司們，祭司們再教給大衆，沿用至今日。福島人不論卑尊貧富，沒有不識文字的。日本皇帝征服福爾摩沙後，對福文甚感興趣，隨即把它學會了。由於皇帝率先學，日本人莫不爭相學習，如今也許福文在日本已成爲比前三種書寫文字都時髦的文字了。

福文有些特定的使用原則，無需逐一說明。以下只列舉常用名詞，以及〈主禱文〉的讀法，讀者可約略有一概念。

皇帝是「巴嘎它安・卻弗拉亞爾」(Baghathaan Cheveraal)，意即「至上之王」，邦主是「巴嘎羅」(Bagalo)或「安宮」(Angon)，欽命總督是「巴」嘎郎德羅」(Bagalendro 或 Bagalender)；

福爾摩沙字母表

字母讀音	拚用法				書寫法			原字母
阿 姆	A	a	ȧo					
麥 姆	M	m̃	m					
奈 因	N	ñ	n					
它 夫	T	th	t					
拉姆多	L	ll	l					
撒姆多	S	ch	s					
弗每拉	V	w	u					
巴格多	B	b	b					
哈姆諾	H	kh	h					
匹得洛	P	pp	p					
卡 飛	K	k	ϰ					
歐因答	O	o	ω					
咱爾答	I	y	i					
扎哈它	X	xh	x					
大 姆	D	th	d					
贊姆飛	Z	tſ	z					
伊 非	E	ε	η					
番丹姆	F	ph	f					
饒	R	rh	r					
高每拉	G	g	j					

貴族是「它諾斯」（Tanos，複數），市長和島總督是「奧斯・它諾斯・蘇列托斯」（os Tanos Sulletos，複數），市民是「普里諾」（Poulino，複數加 s），鄉民是「巴爾包」（Barbow），兵士是「卜列希歐」（Plessio），男人是「巴拿求」（Banajo），女人是「巴甲涅」（Bajane），兒子是「包特」（Bot），女兒是「包提」（Boti），父親是「波爾尼歐」（Pornio），母親是「波爾寧」（Porniin），兄弟是「吉歐夫瑞歐」（Geovreo），姊妹是「甲夫萊因」（Javraiin），親屬是「阿爾法羅」（Arvauro），島嶼是「阿威亞」（Avia），城市是「蒂洛（Tillo），鄉村是「卡賽歐」（Casseo），天堂是「奧爾尼歐」（Orhnio），土地是「巴底」（Badi），海是「安索」（Anso），水是「歐烏伊洛」（Ouillo）。

日本語文和中國以及福爾摩沙的不同，是有緣故的。由於日本人是因爲叛變行爲而被逐出中國，在日本諸島定居下來以後，依然懷恨在心。於是便把一切與中國共通的事物都改了，包括語文、法律、宗教信仰、習俗等。因此日文和中文毫不相像。但由於日本人是最先來到福島居住的人，福島最初的語言乃是日語。但福島人一直保存這語言的模式，沒作大幅度的改動，日語卻是一直不斷在改變革新的。

以下即是〈主禱文〉的福爾摩沙語及其音義的對照表：

（編按：原書尚有〈使徒信經〉及〈摩西十誡〉的福語讀音，唯其佔太多篇幅，此處略。）

主禱文

❶
英 Our Father who in Heaven art,
福 Amy Pornio dan Chin Ornio Viey,
音 阿米波爾尼歐丹秦奧爾尼歐維依，
義 我們在天上的父，

❷
英 Hallowed by thy Name,
福 Gnayjorhe sai Lory,
音 那依左爾赫塞洛依，
義 願人都尊你的名爲聖，

❸
英 Come thy Kingdom,
福 Eyfodere sai Bagalin,
音 埃弗代爾塞巴嘎林，
義 願你的國降臨，

❹
英 Be done thy Will as in Heaven,
福 Jorhe sai domion apo chin Ornio,
音 左爾赫塞多米翁阿波秦奧爾尼歐，
義 願你的旨意行在地上，

❺
英 also in Earth so.
福 kay chin Badi eyen.
音 開依秦巴者埃因。
義 如同行在天上。

❻
英 Our bread daily,
福 Amy khatfada nadakchion,
音 阿米哈特法答那答奇翁，
義 我們日用的飲食，

❼
英 give us to day.
福 toye ant nadayi.
音 托耶安特那答伊。
義 今日賜給我們。

❽
英 And forgive us our trespasses,
福 kay radonaye ant amy fochin,
音 開依拉多那耶安特阿米弗勤，
義 免我們的債，

❾
英 as we forgive our trespasses.
福 apo ant radonem amy fochiakhim.
音 阿波安特拉多能阿米弗奇亞亨。
義 如同我們免了人的債。

❿
英 Do lead us not into temptation,
福 bagne ant kau chin malaboski,
音 班尼安特考秦馬拉波斯基，
義 不教我們遇見試探，

⓫
英 but deliver us from Evil.
福 ali abinaye ant tuen Broskaey.
音 阿里阿比那耶安特土恩布羅斯開伊。
義 救我們脫離兇惡。

⓬
英 For thine is the Kingdom, and Glory, and Omnipotence.
福 Kens sai vie Bagalin, kay Fary, kay Barhaniaan.
音 肯斯塞維巴嘎林、開依發利、開依巴爾漢尼亞安。
義 因爲國度、權柄、榮耀全是你的。

⓭
英 To all Ages. Amen.
福 chinania fendabey. Amien.
音 奇那尼亞反大北。阿米安。
義 直到永遠。阿門。

英：英文　福：福島語　音：音譯　義：義譯

第三十一章 水陸運輸

除了長途航海的船隻之外，福爾摩沙另有兩種水上運輸工具：樓船（balcono）和「浮行村」，都是貴族階級才有的，用於旅行或水上遊樂。日皇、邦主、欽命總督、貴族都擁有自用的樓船，以及載運衛士的浮行村（見下頁附圖）。

皇帝的樓船與邦主、總督所用的，只在外觀的華麗程度上有不同。浮行村福島語叫作「阿爾卡卡西歐」（arcacasseo），則構造都是一個式樣，只在寬窄長短上略有差異。

陸上交通沒有馬車，但有一種更便利的轎籠，是由兩頭大象或駱駝、馬匹拉的，叫作「諾里摩哪」（norimonno），最大的一次可運三、四十人。

轎籠不分貴族或庶民擁有的，構造都一樣，只有外觀裝飾上的差別。

邦主的樓船

浮行村

貴族的樓船

轎籠

第三十二章　通貨幣值

日本錢幣有三種，分別爲金、銀、銅製。三種都在福爾摩沙流通，此外福島尚有鐵與鋼製的錢幣。(日本錢幣以金幣「羅士木」(roshmoo) 的價值最高，等於九個半「小判」的價值。小判是金質幣，價值等於七個「它伊婁」(taillo)。銀質的它伊婁價值等於荷蘭幣的五十八個斯泰佛(stiver)，大致等於英國幣的一個克朗(crown)。銅幣的價值很低，一個「卡克撒」(caxa)只值英國錢幣大約兩個便士。但還有更小的卡克撒和四分之一之卡克撒，不過這些只在日本流通，福島不用)。

福爾摩沙的幣值和日本又不同了。一個羅士木只值八個小判；一個小判只值六個它伊婁；一個它伊婁值四十八個斯泰佛。這並不是因爲福島用的錢幣比日本的輕，而是因爲黃金在福島價值不如在日本那麼高。福島的黃金比白銀多，日本則是白銀多於黃金。

另外，福島有一種鋼幣，叫作「扣藍」(colan)，價值和它伊婁相等，但體積較小。「里亞恩」(riaon) 是鐵質幣，價值等於四分之一個它伊婁 (即四分之一扣藍)，以下還有半里亞恩，四分之一里亞恩的小錢。銅質的「卡卜超」（capchau），約值英國錢幣的七個法尋（farthing）（見下頁附圖）。

羅士木重八磅半，爲金質，中央上半是日本皇帝半身肖像，下半是皇帝徽。背面鑄該幣通行各邦邦主像。另有半羅士木幣，形狀一樣，重量只有一半。

小判是重一磅的金質幣。正面上端是日本皇帝像，下端是邦主像。背面有皇帝徽與邦主徽。另有半小判幣。羅士木和小判的中央都有孔。

它伊婁是重四盎斯的銀質幣。正面鑄劍，背面爲日本古文，標示其價值。

卡克撒有圓形、四方形、三角形各式，這種錢幣只有日本在鑄。

鋼質的錢幣形狀不一。一扣藍重四盎斯，另有四分之三扣藍、半扣藍、四分之一扣藍，重量按其價值遞減。扣藍是方形的，正面鑄福島宗教徽，銘文是福文的「榮耀致神」。背面是邦主徽。

里亞恩爲鐵質幣，大小和扣藍相仿，但只值四分之一扣藍。銘文也和扣藍的一樣，爲上圓下尖的形狀。

卡卜超是銅質幣，價值等於日本的卡克撒。圓形，沒有銘文。另有半卡卜超和四分之一卡卜超的小錢幣。

各式錢幣

羅士木

小判

它伊婁

它伊婁

扣藍

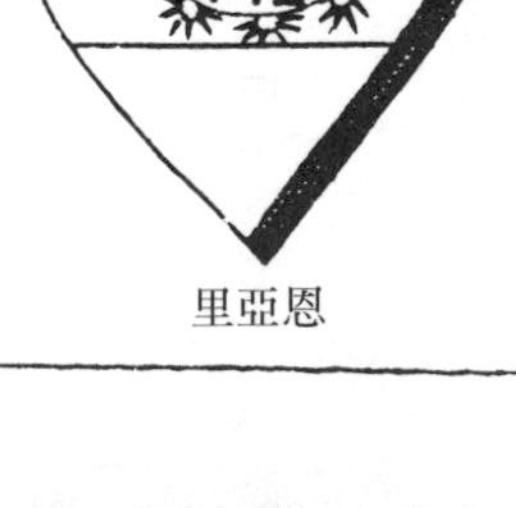

里亞恩

第三十三章　各式兵器

相信讀者都知道，日本人用的兵器和歐洲普遍使用的是不一樣的，但自耶穌會教士和荷蘭人來到日本，也引進了一些槍砲。但數量不多，不敷與敵人交戰所需，僅僅是當稀罕物展示而已。作戰使用的兵器如下：

最大的是攻城槌，用於衝撞敵城的牆門。其次是「法丘」(facho)，用質地堅固的木頭製，上附有許多尖利的鋼片，整體塗滿瀝青、松脂等易燃物。使用時點上火，用一種機器射出，衝力強大無比，其鋼片可以斬過三個直排成一列者的腰部。此外還有長短矛、弓箭、彎刀。

對日本人有所認識的人都不得不承認，日本使用武器的技能精良，尤其是射箭，必射中紅心，準確不下歐洲人用火槍射子彈。

日本人製刀劍的技術，也受所有東方國家推崇。日本有富足的金屬，在熔燒、滲料、去雜質、鍛煉各方面的技術之高，遠遠領先歐洲人。他們的長劍與匕首都用鐵製——日本有一鐵礦。劍既鋒利且堅固，有的甚至一揮便能將一株小樹斬斷，能削斷鐵而刃口無損，所以一把日本劍的價值，往往高過一把純金的劍。

日本匕首用混合金屬煉製，若被這種匕首刺傷，那怕只是小小的輕傷，也必須立即把傷處的肉剜除，否則將不治。日本的戟、箭、矛也是用這種金屬製成鏃頭，被刺中者必須立刻止住毒素擴散，否則必死無疑。歐洲人譴責使用毒物的做法，其實有欠公正。因爲他們製造的兵器，比日本一般用的更具有致命力，而且既然兵器目的是要毀滅敵人，用什麼方式去毀滅並不重要。甚至可以說，越毒的兵器越好，因爲殺死的敵人越多，戰爭可以越早結束，這對各方都有益。

以前東方各國軍隊都使用這些日本刀劍，但是如今日本皇帝嚴禁這些兵器出口，違者可能處死，因此沒有人膽敢把它運到福爾摩沙來。邦主倒有一整庫的日本兵器，以備戰時之用，所以日本刀劍在福爾摩沙並不稀罕。其實，日皇儘管嚴令禁止，仍有人偷偷賣往國外。我記得在果阿就看見許多日本刀劍公開展售。

另外日本人也用彈弓，彈丸爲石製。但這是極少用到的兵器了。

第三十四章 樂器與歌唱

讀者需知，音樂這門藝術在東方國家的歷史相當短。日本人雖然早已懂得演奏類似單面小鼓、喇叭、短笛等樂器，但並無一定的歌唱演奏成規。自從歐洲人來到日本，日本人漸漸學會歐洲製做演奏樂器的方式，現在的日本樂器，幾乎都是按照英國式樂器製造的。當初日本人聽見耶穌會教士在教堂裡奏風琴，唱羅馬教會那種詩歌，日本人非常喜歡，興起了學音樂的意念。經過努力認眞學習，他們現在的音樂雖不至於完美，也已頗能令他們自己欣賞了。日本人在婚喪喜慶時都會歌唱演奏，祭典中也有，但大多是在獻祭兒童時唱奏。

以上是日本的情形。至於在福爾摩沙，人們仍按自古以來的方式奏唱。福島人歌唱其實沒有方式可言，因爲，在儀典中除了少部分規定由祭司唱的部分之外，其餘時候都是人人各唱各的，聲調高低快慢隨各人高興。福島人並不覺得這種唱法可笑，因爲他們只會這一種唱法，而且大家都覺得，各式不同音調混在一起是和諧悅耳的。在神廟中用的大鼓、小鼓等樂器，同樣也是按這種各人自便的方式演奏。

福島也有喇叭、短笛等英國常見的樂器，我也不必多述。有一項例外，即豎琴，因爲福島人認爲只有信基督教的人用這種樂器。至於定音銅鼓，因爲聲音沉重如作戰，只在戰場上用。但福島銅鼓非常大，必須用大象來馱。此外沒有其他樂器了。

第三十五章　兒童教育

前文曾提及，做妻子的都得教育自己生的孩子，但貴婦人則可交給僕婦們去代勞。福島人從小孩子三歲起就要教育他們，有些小孩到了五歲就精通讀寫了。一般母親用一個絕佳的方式教孩子同時學會識字寫字。首先，在小孩沒看見字是怎樣寫之前，就教小孩背熟字母。然後先寫下三、四個字母，再取一張最細質的透明紙蒙在這些字母上，給小孩一枝石墨筆（不用蘸水筆），在透明紙上依樣去寫。小孩邊寫，母親邊唸，並且指導該怎樣寫才對。不過一、兩月時間，小孩便能讀寫了，比上了幾年學校的歐洲兒童的程度還好。

小孩子在五至八歲的期間，母親要教導宗教義理、待人接物，以及各自不同家庭背景的禮儀規範等。八歲大的孩子便可上學了，祭司（學校教師通常是由祭司擔任）要測驗一下，學生在家學的程度如何，再補足其未學部分，完成孩子的教育。讀者勿誤以爲貧賤人家的孩子也能享受這種待遇，因爲祭司收的學費是非常昂貴的。以上乃是福島男孩子的教育過程。

女孩子是不上學的。母親除了教她讀書寫字，也要教各種家事、溫柔的舉止、端正的品德，以及結婚以後的生活方式。父親不時查問其學習進度。這樣調教長大的女孩子，會嚴守母親的教訓，寧願死也不肯讓自己的品德被玷汚，我舉一件八年前發生的事爲例子，這件事我幾乎是親眼得見的。

那時邦主剛逝世，日本皇帝任命了新邦主。新邦主照例要巡遊各個知名的地方。他到大佩莪科島，島總督非常慇懃地款待。島總督有一位夫人，是一般公認當時最嫻淑聰慧的一位美女。邦主（當時是三十五歲左右的衝動男子）對她一見傾心，就命令島總督把她送入首都的宮裡去。總督原本可以拒絕，因爲邦主無權奪佔人妻，但他寧願不顧廉恥也要討好新邦主。於是，邦主才結束巡遊回宮，島總督已將夫人與整批隨從送到了。

邦主欣喜而恭敬地迎夫人入宮，送進一間堂皇的內室。夫人雖然帶著有禮的笑容，心中卻悲傷無比。而這樣竭力掩飾悲傷，反而增添她的美麗，邦主也更是著迷，竟失去理智，忘了身分地位，做出種種熱戀者的愚蠢行止。夫人曉得有機可乘，便跪下來求邦主先應允她一件事再享魚水之歡。邦主說，她的一切要求，他都願意照辦，但他得先曉得是什麼要求。

夫人於是答道：「求您讓我一人關閉在一個房間裡三天三夜，這期間我誰都不見，也不和任何人說話。日用必需之物令僕人送到我房間門口，每天一次。僕人送物品來時敲門通知，等他退下了，我再開門自取。您答應了我這個要求，我就對您唯命是從。」

邦主答應了她，當下就把她送入一間房裡。三天之中儘量挑最上等的美饌送到她門口，並且獻上邦主熱情洋溢的情書。到了第三天，僕人看見前一天送來的東西仍放在門口，覺得奇怪，趕緊去報與邦主知道。邦主也覺得有異，但為了信守承諾，他等到應允的三整天時間結束，才來到房間門口。他敲門呼喊，都沒有人應，便下令將門撞開，進入室內一看，才發現吃的東西都擱在一角，這位夫人已經絕食而死了。

這悲慘的景象是文字無法描述的，而邦主見狀之傷痛，我也不知該如何形容。他立刻跪倒在這位貞潔的夫人身旁，向偉大的阿彌陀神發誓，今後決不再做這樣的事了。邦主竭盡所能厚葬了這位夫人，那位島總督也被邀來參加葬禮。邦主用純金打造了有兩肘尺高的夫人遺容，放在她殉身的室內一座祭台上。每星期邦主要來祭拜兩次，或令某位高官前來，每次都獻上各式祭品。從這個故事可以看出，良好的教育能發揮多麼大的力量，連柔弱的婦人也會為了道德名節而不惜慘死。

福島的父母親都認為，用打罵的方式管教小孩是不恰當的。即便小孩子染上惡習非打不可，他們也遠不及歐洲人那麼常打小孩。他們通常會用心指示孩子該如何做，孩子有錯時予以告誡，再以令孩子心悅誠服的規勸導正。父母們都期望孩子在漸漸年長之際改掉錯誤，而這種好言勸誡的管教法通常都很有效，少年到了六至九歲期間，言行舉止也都會變得和老人一樣溫和有禮了。這種表現不可謂不佳。

少年們大都生來聰慧，學語言和文藝學科都成績斐然。讀者若認為我太過誇讚自己的同胞，不妨去參考一下多位作者筆下的記述。

少年到了八、九歲時，父母就送他們上學。此後也從不疾言厲色逼他們讀書（即使他們有荒疏學業的時候），只會循循善誘，或用獎賞，或舉一些實際或編造的例子爲楷模，鼓勵他們用功。這些方法導正少年的功效遠超過打罵，因爲，老實說，日本人和福爾摩沙人是生性頑固倔強的，所以不能忍受打罵。也因此故，僕人因受冤屈或被主人毒打憤而殺死主人的事件，是屢見不鮮的。

貴族家庭的幼兒都由其母親和女傭悉心照料成長，她們隨時留意嬰幼兒是否需要什麼，用絲緞或細棉布給嬰幼兒保暖，不會像歐洲人這樣用長條的布把嬰兒纏起來。但福島的鄉下人就很粗心了，只注意嬰兒期的保暖，等孩子長到兩歲大，就任由他們光著身子在山野樹林裡亂跑。

婦女分娩後絕不哺乳，而是儘快使乳汁退乾。這麼做的原因有三：第一，使產婦可以盡快再懷孕。第二，避免嬰兒傳染了產婦的疾病。第三，避免母親太寵溺孩子。因此，嬰兒哺乳都是母鹿、母羊的責任了。幼兒吃奶到三、四歲大，就要學抽菸了，但也有些孩子尚未斷奶就學會抽菸了。

第三十六章　學術工藝

日本人在文理學術方面遠比福爾摩沙人強，但我現在才知道，他們仍比歐洲人落後很多。以東方各國而論，日本人的學術工藝確實是首屈一指的。耶穌會教士卻說中國人優於日本人，這使中國人得意不已，常常自誇，說中國人以雙眼看世界，歐洲人只有一隻眼，其他國度的人根本是盲的。

日本貴族和祭司階級增添了學問的光輝，令人心嚮往之。祭司們大多是畢生苦讀的人，他們愛講些莫測高深又似是而非的言語，以炫耀其學養。他們分屬許多不同的信仰派系，但由於皇帝不准各派之間爭辯，他們寫書闡揚自己的信仰意見時，並不駁斥別人的信仰原則。他們各持己見卻不爭吵，著書雖多卻沒有一本是辯論攻訐的。

祭司們很用功研究哲學，既然我對他們的哲學無甚認識，在此就不必多論。但據我所讀的與聽說的看來，他們的見解似乎是爲了配合他們自己的迷信與奇想，而將衆多古人的思想混合而成的。例如，他們認爲神是非常崇高的，所以不會關注地上的人，而以英雄偉人爲神與凡人之間的中介，這個說法也許取自伊比鳩魯（Epicurus, 341-270 B.C.）哲學。至於靈魂轉世等想法，無疑是取自畢達哥拉斯（Pythagoras, 580–500? B.C.）了。

祭司的本職雖是宗教神聖事務，他們研讀的學問卻不限於宗教與哲學。許多祭司從事醫藥、法律、數學等研究，因此日本也有類似歐洲大學的高等學院。

前文曾提過的日文書寫法，祭司們要花上幾年時間才能精通。此外，他們也彼此教學希臘文，時常用希臘文交談，一般人根本聽不懂，他們的著述之中也不時會出現幾句希臘文。日本祭司是不將希臘文授與非神職者的，福爾摩沙祭司卻願教授任何付得起學費的人。

也許有讀者要問，是誰最初將希臘文傳入日本和福爾摩沙的？老實說，福島有許多事物是何時由何處如何傳來的，我並不全知。但我個人的無知，並不足以否定事實之存在。我敢說，我若問英語是從何處來的，恐怕問了一千個英國人，也沒有十個人能答得出來。但我相信，福島有些淵博的人士可以告訴諸位，希臘文和其他事物是何時傳入的。

福島的學校都有宏偉規模，贊助者慷慨解囊，更使各學校設備充裕。邦主、欽命總督、貴族、富人都把子弟送進學校，擔任教師的祭司們若能把學生教好，便能得到豐厚的獎賞。

在此暫時偏離主題，說明一下解決爭議的方式，以及罪犯定罪判刑的過程。福島沒有成文法，只有《甲爾哈巴底翁德》所載的指示，以及前文提過的莫里安大奴頒布的治國法條。

有爭端發生時，兩造要一同去見當地的市（或村鎮）長，各訴明理由之後，市長便將記錄下來的雙方理由呈給邦主。邦主斟酌兩方論點後，斷定某一方有理。一旦判定，便不可再上訴。市長接到邦主的判決時，爭議便算解決，永不可再提。

罪案發生時，犯罪者被帶至當地行政首長面前，指控者帶證人說明罪狀，罪犯可爲自己辯護。首長把審問過程一一記錄，在記錄報告的最下方，謙恭地寫上自己的看法——如被告是有罪或冤枉，再呈給邦主。邦主若認爲被告有罪，就在報告的一側打上紅蠟印記（印記爲一出鞘的劍）；如果認爲無罪，就用白色或黑色的蠟打印（印記爲一權杖）。地方首長收到邦主發還的報告書，便按印記行事；或釋放被告，或立即執刑。

現在言歸正傳。日本人非常精於數學，福爾摩沙人在這方面卻很粗淺。福島祭司禁止人們習星占學與天文學，其原因據我猜想，是人們原本相信日月星辰都是神祇，一旦有了科學知識，便會推翻以前的觀念了。

福島並沒有診病醫師、外科手術師、藥師的區分。醫師既治外傷，也研製藥劑開方，知識既不足，技術也不精，卻處處受人尊敬。他們所長的是植物礦物方面的知識，對於人體結構卻一無所知，而他們也不認爲做醫生的該懂得人體解剖。他們的放血方式與我在歐洲見到的不一樣。以前，他們都是站在與病人有一段距離的地方，用鏢來射病人裸露的身體上要放血的部位。後來從日本醫生那兒學會用刀來切，現在他們都是直接在病痛部位下刀，待放夠了血，再往傷口上灑藥粉，蓋一片綠的菸草葉。

祭司們都擅長作詩，會把祈禱內容和講道詞寫成長詩。有些人更是愛詩到了平時講話也鏗鏘有聲的地步。福爾摩沙文的詩是二、三行爲一單元，各行音節與抑揚頓挫相同，每一節押一個韻。祭司們（其實福島人皆如此）說話寫字都力求簡短，用字越少越好，並且用盡一切方法要用言語感動人心，使人接受並實行他們的教誨。

以上講的都是各科學術，接下來要講福島的工藝以及其他技術。首先要談的是抄書匠。由於福島沒有印刷業，書籍製作全憑抄寫。職業的抄書匠，養著三、四十名窮人家小孩爲抄書工，專爲要出版書的人抄寫。抄書匠先自行把出版者送來的書稿抄成一份整齊的正本，再一頁頁分給小抄書工們，他們在師父的抄稿上蒙著透明紙照抄，抄得又快又好，但往往完全不理解自己抄寫的是什麼。就這樣，一大群男女兒童代替了印刷機，供應著正確無誤的手抄書。

據我所知，中國人有比較好的製書法，但仍不如歐洲人的印刷術。如果是字體大的書，中國人就把整本書刻在木版上；如果字體小，就刻成銅版。不論哪一種刻版，刻成之後，要印多少就可以印多少本。日本人也是這樣印法；但在我將離開福爾摩沙之前，聽人說日本皇帝想要荷蘭人教我們印刷術，但只准印福島文，別的文字一概禁止。

畫師在福島的地位比在中國的高（雖然我們的畫師不堪與歐洲的相提並論），木刻師很多，技術也精良，但日本的石工技術卻比我們的好。製陶工匠非常之多，製造出來的瓷器——我們稱之爲「波卓藍諾」（Porchollano）——非常精美。福島瓷藝遠勝中國，而且是全東方之冠，這是無人不知的。

福島沒有以製麵包或釀酒爲業的人，因爲家家都會製麵包釀酒，不需向外面買。裁縫和鞋匠在福島是二而一的，福島的衣裝師這一行，是從頭到脚包辦的。我們沒聽過蠟燭製造業，因爲福島不用蠟燭，而是用燈或松枝製的火把；鄉下人更是把能點燃的東西都用來照明。

玻璃不但極爲福島人所喜愛，在東方各國都受到歡迎。玻璃初次輸入福島，就因其透明質地廣受大衆鍾愛。同樣的玻璃器，在英國只賣兩便士的，在福島可以賣到半個小判，甚至一個小判金幣。商人發現有暴利可賺，便大量進口，所以現在雖不再是稀罕物，但價格仍比英國的貴二十多倍。福島貴族宅邸的窗戶大多用玻璃，一般民衆負擔不起這麼高的費用，所以窗戶是用絲布鑲上，或用浸了油的紙，比絲耐用且透光。

漆畫藝術極少有人從事，而且並不受到重視。一般福島婦女雖然會繪畫，但技術遠不如編織刺繡好，她們的刺繡等製品在世界各地都被視爲珍品。

福島的金屬熔煉業雖不錯，但仍比日本和歐洲的精良技術落後很多。

農業方面，已懂得按土壤的不同性質進行施肥、耕作、播種或種植。

除了以上所述各種工藝，另有鐵工匠、石匠、木匠等等，若逐一詳述，不免失之瑣碎。在此簡單作結如下：福島人非常敬重有學問的人，卻很輕視手藝工匠以及憑勞力謀生的人。

第三十七章 欽命總督謁見日皇

日本統治下的所有邦主、欽命總督、公卿等，每年必須謁見日皇兩次，報告半年中邦內發生的重要事件，並聽取日皇新發的指示命令。由於福爾摩沙是被征服的島邦，欽命總督依例每半年謁見一次，邦主卻得永久留守，以防邦主離福島赴日本時總督發動叛變。而欽命總督進謁時，首席將軍也要隨行；欽命總督報告民情，首席將軍則代表邦主報告政況。

在謁見日期到來之前，欽命總督就要把船隊、樓船、浮行村、轎籠等一切必需物品提前準備停當。啓程前一晚，首席將軍夜宿欽命總督府內。次日一早，邦主就攜同大批隨員（到欽命總督擇定的地點），當面交給首席將軍全部指示。然後，邦主送行至港口鎮哈德杰，祝他們一路順風，待他們登船後才回宮。欽命總督和首席將軍同乘一艘樓船，另有三十六位貴族的樓船隨行，後面跟著八十艘浮行村，裡面載著衛士、僕人、轎籠、大象。最後面是裝載各類需用物品的貨倉船。靠岸的時候要按以下順序：先是四十個浮行村，然後是所有樓船——欽命總督和首席將軍的居中，再後面是另四十條浮行村，最後是貨倉船。

一行到了日本的西馬島（Xima），欽命總督和將軍等人略事休息，當地的首長便以全禮迎接，請他們享用豐盛晚宴，宴後還有喜劇表演。同來的奴僕們這時候卻得忙著爲次日列隊進宮作準備。第二天早上，大隊人馬動身前往江戶（Yedo）進謁，爲首的是十八位貴族及其夫人的轎籠，然後是欽命總督和首席將軍的轎籠，其中還載著欽命總督的十位夫人和一名貴族；後面跟著另外十八位貴族的轎籠，隨行的還有馬隊和步行的衛隊。欽命總督的轎籠有三厄耳（譯註：ell，一厄耳等於四十英吋）長，高度是二·五厄耳，內部裝飾華麗的刺繡，外面覆滿純金。貴族的轎籠長約一個半厄耳，高不過一厄耳半，也裝飾著圖畫和金、銀、銅、絲等。每乘轎籠都由兩頭象馱運（前面忘記說明，皇帝特派二十位廷臣在西馬島迎接，回程時這二十人也要送行至港口）。

謁見團抵達江戶的皇宮後，次日就進宮。謁見期通常爲一個月，來自各邦的邦主、總督等每天一同上朝晉見一小時，先後稟報各邦政情。退朝以後，臣吏們會提供他們各式娛樂休閒。辭別皇帝時，皇帝會賜予貴重的禮物，迎接他們入宮的廷臣送他們回西馬島，當地首長再度恭迎，廷臣們才轉回江戶。次日，欽命總督等人謝過西馬島首長的款待，便登船回航。

福島邦主應在哈德杰港迎接，陪著欽命總督回府。欽命總督（當著首席將軍的面）轉達了日皇的指示，邦主和首席將軍就各自回府。謁見過程到此完畢。有一點必須說明，日本皇帝雖然只頒給福島國王「欽命總督」的頭銜，對其禮遇卻超過對待日本統治下的所有邦主。

第三十八章　基督教徒受迫害之始末

本書旨在記述福爾摩沙的事實，但凡涉及日本之處，均屬與題旨相關的事物。因此本章不詳述耶穌會在日本各邦傳播基督教信仰之成果，而本人事實上也欠缺確切資訊。但就概括情形而言，本人確知，耶穌會教士自一五四九年（據沙勿略稱，於本年初抵鹿兒島）起，至一六一六年前後，傳教工作雖遭遇諸多困難，成果卻頗豐碩。福島人一般均知，此期間日本的三分之一人口改奉基督教，甚至當時的皇帝檀方樣（Tampousamma）也受洗皈依了。

耶穌會教士在日本傳教成功的原因很多，我是無法一一說明的。但我確實聽說，最主要的原因，在於他們講教理時能合乎常情，而且顧及日本人一般的觀念和習俗。

他們開宗明義就說，上帝只有一位，是天地間一切的造物與統治主，並按一般常理證明上帝之永恆與其他神性。他們卻不談神的三位一體，以免顛覆了唯一上帝的信條。至於基督，他們肯定他是神性存在於肉身之中，或說他是上帝派來的大英雄，要向人類昭示上帝的旨意。並且特別強調基督生命之聖潔、基督講道之合理有智慧、基督行奇蹟的事例，基督為洗淨人類罪惡而死於十字架上，來證實基督之神性。這些都相當合乎日本人心目中大英雄的形象：成就奇妙事蹟、爲解救追隨者於水深火熱而自願承受磨折。耶穌會教士閉口不談基督既是上帝也是人的道理，想隱藏這難以爲日本人理解的奧秘，待日後伺機提出。

他們只教日本人，崇拜唯一的上帝與上帝之子基督，因基督藉上帝的全能，死而復活，昇入天國，得天地間的一切大能，以協助拯救忠實的信徒。這些相當合乎日本人一向的宗教崇拜觀念，如釋迦、阿彌陀等神祇，都是神格化的偉人，是日本人危難匱乏時求告的對象。

至於耶穌會教士膜拜偶像與聖徒，也恰好合乎日本人的固有習俗，只須令日本人把原來的偶像換成耶穌、聖母瑪麗亞，或基督教的其他聖徒，教他們照原樣崇拜信託這些聖徒，求聖徒代他們求告上帝，只是不必向偶像獻上祭品而已。

他們仍以聖父、聖子、聖神之名施行洗禮，但並不說聖靈是至聖三位一體，只說這是上帝之神力。他們行聖餐禮以紀念基督之死，卻不解釋聖餐變體論與彌撒禮所含的奧秘。

他們如此這般呈現出來的基督教信仰，避開了最深奧的教義與羅馬教皇派的某些荒謬教條，似乎毫不違背常理，又恰合日本人一般都接受的觀念與做法，尤其有一個優勢是其他宗教信仰都沒有的——應許未來永生永福，所以能輕而易舉博得人心，迅速在日本傳播開來。

耶穌會教士用這個技倆廣徵信徒，有很長一段時間一直不提上文所說的教義教條。等到他們自認教會實力已經鞏固了，才把那些教義教條提出來，而且說這些是信仰的根本道理。

日本基督教徒私下嘀咕，認爲教士們改了他們原先宣講的教義。非基督教徒，尤其是祭司們，直呼教士們是騙子，用新花樣欺騙大衆。這使許多基督教徒離那些教士而去，也使所有已皈依的人產生強烈的懷疑。耶穌會教士宣布教義的舉動，對他們自己非常不利，也是他們後來全盤失敗而遭剷除的原因之一。

原因之二，非基督教徒——主要是祭司們——對耶穌會教士的妒恨。一般貴冑富豪皈依基督教後，被教士們說動，把大量產業歸到一些修道院的名下。有些產業原本是捐給祭司的，有的原應由子嗣繼承的，都轉入了修道院之手。非基督教徒因此而懷恨，生出了不計手段要除掉他們之念。

原因之三，教士們出賣日本皇帝的陰謀被揭發。據發現，他們寫了一些密函給西班牙國王，信中說明日本許多港口、城市、城堡、要塞的地勢，以及應以何種方式圍攻並佔領這些地方。教士們表示，西班牙國王宣示其在東方及西印度群島的版圖範圍，令日本人感到不快，所以西班牙人有意掃除日本人的宗教信仰，把日本人趕走。但他們否認寫信給西班牙王，或密報日本軍事狀況與進攻日本的計謀。他們說，這些信是荷蘭人寫的，存心要挑撥葡日關係，企圖奪走葡萄牙的對日貿易。但是這有關荷蘭人的指控並未證實，但福爾摩沙人一般都相信，上述諸信是耶穌會教士寫的，而他們這種行爲已經引起所有非基督徒的嚴重反感。

然而，以上三個原因都只是醞釀作用，不是引發基督教徒迫害事件的直接導火線。由於耶穌會教士們仗著有皇帝這樣一位信徒，在其鼓勵傳教與權威的庇蔭之下，大膽提出了聖餐變體論等奧秘教義，並嚴令所有教徒接受，否則將墮入地獄。另一方面，他們又利用各種名目，竭力搜括日本的錢財。不但使教徒們不滿，更加深了非基督教徒的仇恨，日本上下都懷疑他們是虛有其表的騙子。終於，教士們也開始覺得不對了，恐怕所有日本人會聯合起來與他們相抗，於是決定先發制人，用最快的捷徑，使整個日本帝國歸依他們的宗教。

於是，他們向日皇謊稱：日本的非基督徒正計劃造反，而且要置所有基督徒於死地。謀反者商議此事已久，若不及時予以制止，他們必將付諸實行了。皇帝一向認爲教士們是有見識的人，對他們是言聽計從的，因此就問教士們主張他怎樣行事。

教士們馬上回答，爲了保護皇帝自己和基督教徒們，唯一良策是送信給所有教堂，令全國各地的教徒於某夜某時一起武裝起來，殺死所有非基督教徒。如此，「謀害陛下的陰謀便可防止，陛下所治境內僅基督信仰一枝獨秀，再無作亂之人，國政永保安定」。

爲了慫恿皇帝採取行動，他們還說：這樣做是絕對應當的，一則是爲安定政局，再則是剷除異教，使聖教福音廣被全日本，是莫大功德，必會獲得上帝與基督之保佑，降福於皇帝本人及全國基督教民。如果再猶豫不決，皇帝本人和全國基督教徒必將於一夕之間被謀殺盡淨，其後果乃是基督教在日本徹底絕跡。

教士們完全以基督信仰爲念的急切模樣，打動了皇帝。據說，皇帝就答應了，立即送出撲殺非基督教徒的信給所有教堂。但也有些人士說，教士們濫用皇帝支持他們的立場，假借皇帝之名送信到各個教堂去，卻把皇帝蒙在鼓裡。不論事實如何，有一點是確定的，即所有教堂都接到了皇帝送來的命令，應於約定的某夜某時，以武力消滅所有的非基督教徒。

約定行動的日子未到來之前，教士們雖然極力保密，仍不免走漏風聲，讓非基督教徒有足夠時間去阻止這次劫難。因爲，有的基督教徒的父母親或其他近親並不是教徒，知道有此計劃，當然希望自己的親人能免於一死；又有一些基督教徒覺得，用這樣血腥的手段對付自己的國人和朋友太卑鄙了，因而對自己的宗教產生反感。總之，他們及時通知那些非基督教徒的邦主公卿們，預先爲這殺戮計劃作好防禦。這些邦主公卿果然武裝準備好，就在原定基督教徒要行動的日子前一天，率領非基督教徒的百姓先動手，見了基督教徒就殺。

皇帝本人既是教徒，又贊同總督耶穌會教士的屠殺陰謀，所以被非基督教徒趕出國境，流亡到果阿市，後來死在那兒。他的遺體現仍奉厝在耶穌會的教堂裡，而且立有紀念碑，銘文如下：「爲聖教殉道之日本皇帝檀方樣之墓」。另外有五位邦主和兩位欽命總督，曾在各自邦內推行基督教，都被捕下獄，終身監禁。

這次大規模的屠殺，不但耶穌會與教皇派的其他傳教士是抓到就被殺，連皈依基督教的日本人都無一倖免。有些是被吊死，有些被扔進河裡、溝裡，有些被斬首，極多人遭到非基督教徒發明的最殘酷折磨而死。然而，即便是如此全面的屠殺行動，也並非一舉就殺完所有基督教徒。有許多人到處藏匿，幾年之後才被找出來。有許多教士修士在情況最激烈的時期過後，曾被暫緩處死，待新的皇帝登基，才被提出以酷刑處死。

這次事件過後，「基督教徒」成爲日本全境人人唾棄的名號，基督教徒已不能在日本存活。非基督教徒只要發現基督教徒就殺。耶穌會教士這次全然違背基督教仁慈和平精神的陰謀，激起日本非基督教徒憤慨，進而痛恨基督教徒，認爲基督教徒全是惡棍、造反者、騙子、道德敗壞的人。從此，只要有人發現誰是基督教徒，群衆便齊聲叫罵：「把他抓起來釘十字架！」政府在各地都派有搜查人員，不輕易放過任何一人。前文論律法時已經詳述。

耶穌會與其他教皇派教士陰謀殺害異教徒之事，以及隨之而來的基督教徒遭屠殺，是福爾摩沙人世代相傳的史實。福人對此事之深信，不亞於英國人之深信「火藥陰謀」（Gunpowder Plot：一六五年發生，目標爲炸毀議會，炸死國王）。但我必須承認，並不確定此事發生之年代，只猜想可能是在一六一六年前後。

第三十九章 荷蘭人陰謀不軌

荷蘭人聽說天主教徒在日本大遭屠殺，而且永不得入境，就把握這個良機與日本進行大量貿易，帶著好幾船他們認爲在日本最有市場的商品而來。他們一到日本，便接受審查官員的詢問：他們是什麼人？從哪兒來？他們答是荷蘭人。審查官又問他們是不是「法朗哥人」（Francos）——即歐洲人？他們承認是歐洲人。審查官便說：「那你們就是『卡羅克爾・巴那鳩』（Corokor-banajo）。」（此乃日本人稱基督教徒的用語，字面意思是「十字架人」。）

荷蘭人假裝不懂這稱呼的意思，就問這是國家的名稱還是宗教的名稱。審查官說：「你們既是歐洲人，怎會不曉得『十字架人』是指什麼？難道沒聽過拜十字架、拜聖徒偶像、製造了上帝又把他吃掉的葡萄牙人嗎？」荷蘭人答：「這下我們明白十字架人的意思了，但是我們國家沒有這種人。」審查官說：「看來你們不是信那個教的。」荷蘭人答：「天哪！我們不但不是，而且被你們說的那種十字架人仇恨壓迫，因爲他們的教要求他們強迫全世界皈依，凡是不遵奉教皇——即他們教長——的人，都要消滅。」

審查官並不罷休，又再問了許多問題。後來荷蘭人就說，爲了要證實他們不是十字架人，不信葡萄牙人的教，他們請求面謁日皇，以便教他一個屢試不爽的辦法，可查出入境的外人是否爲十字架人。審查官聽了大喜，立刻派人進宮去稟報消息。皇帝得知，便下令將荷蘭人放行，並且帶進宮來見他。

荷蘭人拜見了皇帝後，獻上兩門火砲、一座報時鐘、一具音樂鈴。皇帝很喜歡這些禮物，看了荷蘭人操作火砲後，尤其滿意。荷蘭人於是說：「十字架人忘恩負義，陛下禁止其入境乃明智之舉。我等因信仰與之不同，也遭其迫害。我等此次前來，不是爲了傳教，乃是爲求與陛下之子民貿易而來。我等遠途運貨品到此，願交易貴國之產品。我等冒生命財物兩失之險而長途跋涉，貴國人民儘可坐享交易之利。

「至於十字架人之輩，陛下若肯賜納我們的淺見，我們願稟報一個可準確查驗入境之十字架人的方法。即陛下令各海港市鎮製做十字架，凡有外人入境，必須向十字架擲物、吐痰，並予以踐踏，或做出其他表示鄙夷的舉動。如此必可測出其眞實身分，因爲只有十字架人會拒絕做這種不敬與鄙夷的舉措。」皇帝覺得他們說得很有理，就採納其建議，並許可荷蘭人與本國人貿易。

這件事過後不久，一些耶穌會教士和羅馬教會其他教派的教士又來到日本。受審查時，他們自稱是荷蘭人。審查官說，既是荷蘭人，就歡迎你們入境。於是令人拿十字架來，要這些教士依前述的那些方式表示鄙夷。教士們不肯照做，終於承認他們乃是十字架人。審查官問：「你們既是荷蘭人，怎會是十字架人呢？」教士們回答說：「他們其實和我們一樣，是基督教徒或十字架人。」

審查官說：「我認爲你們講了兩次謊話。你們先說自己是荷蘭人，現在又說荷蘭人是和你一樣的基督教徒，並且承認你們不是荷蘭人。你們說荷蘭人和你們一樣是十字架人，我知道這是胡說，因爲我看過他們欣然踐踏十字架的模樣，我敢說他們會和我一樣，以燒掉十字架爲樂。」審查官便把他們都關入牢裡—總共約是四十六人，幾天後就全部處死了。直到如今，耶穌會教士還年年紀念這一天。

荷蘭人獻了這個計策，很得日皇和所有日本人的好感，他們因而享受到外國人能有的最佳禮遇。和日本貿易幾年之後，荷蘭人請求日皇准許他們建一個大倉庫，以便儲放貨物。據他們說，把貨物在日本境內運來運去求售會造成損失，建了倉庫不但荷蘭人省事，日本人也便利，買賣交易都可到一個固定的地方來進行。

皇帝便准了建倉庫的請求。不料荷蘭人建的不是倉庫，而是一座極堅固的城堡，並且有完備的防禦工事。起初日本人並未起疑(以爲這是荷蘭倉庫的建法)，建好之後才覺苗頭不對。後來有整隻荷蘭艦隊來到日本，才拆穿荷蘭人的計謀。這些船艦滿載火砲、火槍、手槍等各式兵器，以及大批火藥和子彈。荷蘭人用木框掩蓋住這些槍砲彈藥，以防日本人識破，把它們搬上車，運往他們的堡裡。偏不巧有些車子在途中壞了，把木框跌破，露出了裡面的軍火。

有日本人見到這種景況，恐怕荷蘭人圖謀不軌，要以強大的火力發動事變。便有人立即去奏告皇帝，請其提防詭計多端的荷蘭人或許會有不利於日本的行爲。皇帝火速派出十至十二隊的軍士，將荷蘭人全部追捕並殺死。但是只因日本人一時大意，已讓大部分荷蘭人自城堡逃出，登上預先準備啓航的船艦而去。否則日本人應可輕易包圍城堡，將荷蘭人一網打盡。

此事過後，荷蘭城堡及火砲武器盡被日皇沒收，荷蘭人有很長一段時間不得與日本貿易。後來，經不住荷蘭人的苦苦哀求與花言巧語，日皇又許可他們進出日本屬地的福爾摩沙。荷蘭人在福島頻繁往來的一陣時日，發覺此處可供的貨物不夠多，又來哀求日皇開放日本貿易，日皇未准。但長崎邦主卻出面爲荷蘭人求情，請求准許荷人進入距離日本他邦並不甚遠的長崎島。皇帝終於首肯，但荷人必須嚴遵以下條件：

一、應踐踏十字架。

二、港口審查官應沒收其船上之全部軍火、船帆、桅桿、繩索等裝備。於荷人停留日境期間代爲保管，至其離境時爲止。

三、荷人在日境的一切行動，應有港口審查官所派之軍隊隨行監視。

四、荷人停留不得久於皇帝允准之時間；應於皇帝令其離境時立即整裝離去。

只要遵守上述條件，荷人可於貨品交易完畢時，攜回原交港審代管之物品，自由離境。

第四十章　教士赴日計劃

荷蘭便是如此，憑藉排拒基督教，而取得進出日本貿易的自由。但教皇派的人卻因爲過不了十字架測試這一關，永不得進入日境。後來耶穌會教士又想出一個混入日境的巧計。他們先到果阿市去學會日語——那兒的學院有日語教授，等日語講流利了，便換上日本衣裝。到了日本某港口後，當地搜查人員問他們是哪一國人、從哪兒來，他們便可答是日本人，是從日本某某島某某城而來（事先他們都已熟知日本各個地名與各地習俗）。由於他們的語言和衣服掩飾得好，搜查者很容易信他們的話。

安全通過審查後，他們便登岸，各自以不同行業僞裝；有的人裝成貨商，有的人裝成教師或工匠，他們都住在各自的房舍裡，努力從事自己的行業，像是眞的靠此維生的模樣。其實他們都另有充裕的生活津貼，因爲教皇每年派出一定人數到日本來，必須供應這些人的生活所需。這些人可以兩年時間學好日語，四年時間停留日本，三年時間完成往返之旅。

他們用一個日本字作爲彼此識別身分的暗號——這個字他們有特別的發音法。這是我以前的老師狄羅德神父說的。在亞威農的時候，有一位日耳曼先生問他，傳教士在日本怎樣識別身分?狄羅德神父答稱，用「阿波」(Abo)這個字。日語「阿波」意思是「迅速」。初到日本的教士，走到城鎮鄉村都是憑這個字辦認先來的教士們，雙方相認後，才到靜僻無人的地方去討論他們的事務。

四年期滿，就有新派來的教士接替，舊的人員便離日返鄉。我憑個人經驗，確知傳教士一直這樣新舊更替。但我卻不明白，他們這麼派人來的目的何在，到了日本又能做些什麼。他們雖然誇口說，四年期間促成多少多少人皈依基督教(我知道有些教士回去後曾如此誇口)，但日本布滿那麼多搜查人員，教士若公然說自己是基督教徒，或試圖使非基督教徒皈依，一定會被查出。況且，假如事實果眞如他們所說的，甲促成二十人皈依，乙促成三十人，丙促成五十人，照他們這樣算法，自教徒被逐以來的這些年，有這麼多人皈依，日本沒剩下多少非基督教徒了。

多少年前，的確有某些耶穌會教士或教皇派的其他傳教士，促使一些人皈依基督教，但不久便被搜查人員發現了。教士和信徒都被活活燒死，僅有少數教徒因害怕酷刑處死而揚棄基督教，重回古老的拜偶教，才留得活命。但是教士們在羅馬絕口不提這種禍事，人人只顧得炫耀自己在日本使多少人皈依，述說自己旅途中的奇聞異事，以爲這一趟艱苦高貴的傳教任務可使自己名垂青史，驕傲得不可一世。

在日本禁教後大量派遣傳教士的策略，最有可能是爲了要刺探日本情報，以掌握各港口的地勢與要塞碉堡數目，甚至知悉日本帝國的全部實力。然後用有把握的方式襲擊。希望有這麼一位高瞻遠矚的基督教君王，肯率領充足兵力遠征，遵傳教士指示征服日本，使目前堅決敵視基督教的人遵奉基督教信仰。除此之外，我實在看不出如此耗費人力物力派遣傳教士所爲何來。

日本的基督教徒受迫害事件過去幾年後，日本皇帝佔據了福爾摩沙（前文已述），又開始迫害福島的教徒。但僅有耶穌會教士與教皇派其他修會教士，受到日本禁教時那麼嚴厲的處置：活活燒死、釘十字架或自腿部吊起至死爲止。對待奉基督教的福島人比較寬大，任由其自行決定棄絕基督教，或是離開故國永不返回。有許多人寧願離開故鄉也不肯背棄基督，也有許多人不願拋棄家產而去，便離棄基督教，重返原來的迷信。此後，日本懲治基督教徒的嚴法，也照樣在福爾摩沙實施了。

結語

前述日本大舉迫害基督教徒的原因顯示，耶穌會教士曾陷基督教於不義。彼等強迫信徒接納其教皇派錯誤觀點爲根本教義，又陰謀殺盡非基督教徒，使基督教之名遭唾罵而蒙羞。

假使耶穌會教士只按基督信仰之純潔簡樸宣講教義，恪守教士規勸非教徒時應有的溫和、仁厚、誠懇（如吾之良師所表現的），我確信，整個日本帝國如今可能已經基督化了。然而，因其言論謬誤，行爲卑鄙，使日本人嚴重誤解基督教，從而強烈排斥，以致如今的傳教工作加倍困難。可歎者，基督教徒縱然有心化解日本人之偏見，以重申基督教之正確義理，亦不得其門而入了。

耶穌會教士鑄成如此大錯，多麼可恥！非基督教徒陷於愚昧黑暗中，受其拜偶教邪行捆綁，永無得見福音榮光之望，又是多麼可悲！其對拜偶教愈恭謹，其獻祭親生子的殘酷行徑愈使其悖離神聖本質。若有幸蒙天國眞理啓示淨化，身心俱受聖靈滌淨，此等人又會以多麼喜樂、謙卑、恭敬之心，正正當當事奉遵從基督教訓！

讀者或許認爲，筆者長篇細述福爾摩沙現行之異教，顯得小題大作，似乎仍然信服其教理。上帝明鑑。本人記述福島宗教之部分，爲力求翔實，理當據《甲爾哈巴底翁德》，即福島之古經書所載備陳，豈是對於拜偶教仍存信不疑？本人早已確知其爲邪教，茲述原因如下：

無庸置疑，任何宗教均不應違反吾人所知之神的無限美善，否則便是邪誑。《甲爾哈巴底翁德》卻指定信徒，每年獻祭數以千計的無辜孩童，如此殘酷而違反人之善良本性的行爲，吾人不能相信這是仁慈全善上帝的指示，可知必是以嗜血、酷行、消滅人類爲樂之邪靈的指示。故膜拜魔鬼與日月星辰者，無不屬邪誑。

筆者一旦確認如此違背情理之崇拜方式必爲邪教，隨即推斷，證實拜偶教靈驗的諸多所謂神蹟，不過是詭計與僞造所爲。本人堅信，神不致運用其全能來確證謊言而維護騙局。此外，其所謂之神蹟，僅只載於《甲》書，而《甲》書又牢控於祭司掌中，外人不得膽抄自讀。如此欲蓋彌彰，足證其神蹟之不可信。祭司們一則不肯披露內情，不給大衆篤信之合理原由，同時又專橫苛求盲從，民衆明知其中有詐，亦不得有異議——否則有喪命之險。

祭司們謊稱，神以獅形等獸身顯現乃表示震怒；以駱駝等獸形顯現乃息怒之意。人人皆可看出，此種神蹟不過是祭司的詭計。因爲神壇諸事自始至終由祭司操持，神蹟呈現猛獸或馴獸，祭司們盡可一手遮天隨意安排。

祭司爲何能如此欺矇民衆而持續裝神弄鬼？其實，許多未受上帝啓示之愚昧國度，宗教信仰甚至更荒誕，行爲甚至更僞詐。如以各科學識著稱之埃及人，竟然崇拜鱷魚。甚至羅馬派的教會，亦以許多違反理性的極荒謬教條強加諸信衆。福爾摩沙之謬行也就不足爲奇了。

至於此類虛誑因何得逞，並非本人此刻應追究之事。必須表明者，本人已全然確定，福爾摩沙所奉宗教爲欺詐謊言。

蒙全能仁慈上帝之聖靈之感召，我已遠離異教、錯誤、迷信，沐於上帝與其聖子救主耶穌之啓示。願萬物衆生永世讚美上帝之榮耀。阿門。

第二卷

作者旅行歐洲記實；並述與耶穌會等教派人士會談，暨皈依聖教之緣由

一

東印度群島的沙勿略這位「偉大使徒」（此乃耶穌會教士為其冠上之尊號），於一五四九年與同伴抵達鹿兒島，受到當地居民熱誠款待（此乃沙氏書信中所言）。如此禮遇使羅馬各派教士及耶穌會教士大受鼓舞，接二連三大批湧到。迅速博得日皇、各邦主、總督的好感之後，教士們言明自己是基督教徒，連續多年順利進行傳教任務。但就在大約一六一六年前後，日皇下令，凡進入其版圖之基督教徒一律處死。並且規定，外地人入境時必須以踐踏十字架、以手槍射十字架等方式，表現對十字架之不屑，藉以測驗其是否為基督教徒。以上事實見第一卷末二章所述。

因此故，意欲赴日本的傳教者，必須先熟知該國語言風俗。果阿某學院便是為此而設（前文亦述及），專門教導東方語文與禮俗。傳教者學成之後，便改換日本裝束，前往日皇轄下某島嶼，謊稱籍貫日本另一地區。因其衣著言語與日本人一般無二，可輕易取信於當地人。其

實，傳教士雖理解日語，言語未必準確。但日本人多不以爲異，因廣大之日本帝國內之各省，方言原本不盡相同。

教士在日本市鎭落脚後，便佯稱是以某種行業維生，以消除當地人的疑慮。有些教士做起商人、小販、工匠；有人以教書爲業，在學校或家塾中講授語文與科學。如此便可安穩渡過傳教任務期——通常爲四年，期滿後自有新人派來接替。

狄羅德神父便是來到福島的諸多耶穌會教士之一。他原籍亞威農，在果阿學院畢業後轉來，自稱名叫阿莫薩瑪（Ammo-Samma），意即「阿莫之子」，爲日本關東省（Quanto）高尚人家子弟。因父親的產業爲四位妻子與十三名兒子共分（另有多名女兒），他身爲幼子，所得最少，不得不在僅僅二十歲時離鄉背井，以教授拉丁文、地理學、哲學等謀生。先前曾在日本境內許多地方任教，如今來到福島，希望謀得在上等人家擔任家教之職。

家父獲悉此事，便召喚狄羅德入府。雖見其爲飽學之士，仍無意延聘，因爲家父認爲拉丁文對我無甚用途。狄羅德神父既知家父有此成見，又不願失掉這樣優渥的職位，便勸告家父說，拉丁文現正是日本貴族中最風行的語文，精通拉丁文是一種重要專長，而通拉丁文的人也可輕而易舉學會其他語文和各門科學。家父被他說動，決定讓我拜狄羅德爲師，並指示我暫時擱置正在研讀的希臘文書籍。「吾兒，希臘文以後隨時可在學校學習，」家父說，「向阿莫薩瑪學習的機會卻是錯過便不易再得的。」我不得不欣然從命，阿莫薩瑪顯然也很高興我願配合。

家父同意每年供給衣服、食宿、十七小判（見第一卷第三十二章），爲阿莫薩瑪教授地理、哲學、拉丁文的報酬，但警告他絕對不准涉及天文學，以免觸犯國法（前文亦曾述及）。自那時起，狄羅德便住在福島首都我家中，迄其傳教任務期（此乃我後來得知）結束時止。期間他細心教導我拉丁文等科目，但未有隻字涉及基督教。我不論到何處，他必伴隨。唯有進入神廟時例外，此時他會在廟門外與我分手，說因他是日本人，信奉的宗教與福島的不同。「我要回家按我自己的方式拜神，」他說，「稍後再在這兒與你會合。」每次皆是如此。

他的一切言行都十分謙和、謹慎、誠正、坦直，我愛他幾乎不下於愛我父親，一心盼望他能在我家中終老一生。我們便相親相愛（我相信是如此）共處，至四年期滿時，他似乎不得不離開了。他要我告訴父親他有去意，請父親將應付的酬勞給他。我聽了此話心中很難過，想盡辦法勸他打消此念。他卻說決心要去遊歷世界，對我父子的盛情雖很感激——除了我家也不想到別處安身定居，但他說：「我一直想到處遊歷，而且我並沒有家累，想就此去達成心願。」我對他說，他年事漸高，恐怕不堪遠途跋涉之苦，而且，若要求得皇帝批准去旅行，必須花費相當多的錢。

他答道，雖然年紀已經很大，仍不惜付出三分之二身家的代價，也不願守在家中，因爲「停留在一個地方是學不到什麼新知的。我聽過有關外國的奇聞異事，想去親身經歷一番」。

他並且特別讚揚基督教國度，講了那些地方許多引人入勝的事（後來我才知道有不少是不實的）。我聽得目瞪口呆，就說：「您要到十字架人的國度去，敢是瘋了？他們到這兒來，我們都是格殺勿論，您去到那兒必定難逃一死。」他卻說，我以為十字架人那麼殘酷，是大錯特錯了。「事實恰恰相反，」他說，「我聽說，他們對待外地人一向和氣慷慨。你我若和他們共處，一定也會這麼覺得。」我說：「我可不必大老遠去見識他們的兇惡，悲慘經驗已經告訴我們，他們對宗教信仰與他們不同的日本人是多麼殘酷。」

阿莫薩瑪說：「那些在日本做出卑鄙行徑的人，如果真如他們自稱的是基督教徒的話，你所說的當然沒錯了。但是，他們必定是假冒的。因為我聽許多去過基督教地區的同鄉說，基督教徒熱誠招待他們，基督教國家是世界上最宜人的地方，我們這兒視為珍貴之物，那兒到處可見，而且有許多是日本和福爾摩沙根本從未聽過的東西。我同鄉說，基督教徒不但招待週到，而且讓他們欣賞了各式各樣珍奇事物。同鄉要轉回程的時候，基督教徒又送上大小禮物，使他們滿載而歸。

「我相信同鄉說的話不假。我速速取得旅行許可之後，首先要去中國，轉到東印度群島略停留一會兒，就要去非洲，然後再去歐洲，也就是十字架人的國度了。我要去遊西班牙、法蘭西、日耳曼、荷蘭等地。其中最貧乏的也比福爾摩沙有趣。大約四年時間，我將遊遍已知世界的所有著名所在，然後帶著財物與經驗回鄉，以後便清閒地和友人度完餘生。聰明的人都會願意聽我講異鄉外邦的人情掌故，理解異國是怎樣作戰，有什麼工藝，以及一切值得一談的趣事。你不難想像，一般人會多麼愛聽我的敍述，我也必能因此增添地位體面。」

他這一席話，加上他一再重述，使我不禁以爲他希望我能與他同行。我當時是十九歲左右的衝動青年，很容易被這樣誘人的故事打動，也生出想一窺外邦究竟的好奇之心。我對他說，如果沒有危險，我想與他結伴同行。他卻顯出不贊同的樣子（藉以掩飾他的眞正意圖），故作震驚地說：「絕對不可！我一向敬重你們父子，怎可教唆你這樣身分的人離家？況且，令尊若以爲我有這種打算，我豈不是立刻就要送命嗎？請你別再提這話了。我承認，你這樣身分地位的青年，確實應當到外邦去增廣見聞，但是令尊對你如此疼愛，不會任你去受遠途勞頓。沒有他的同意，你是不可與我同去的。」

他的假意拒絕，無非是欲擒故縱，我反而變得更急切。爲使他放心，我鄭重承諾，決不對父親洩露一同旅行的計劃。他卻仍是面露難色。我便以最熱烈誠懇的態度，矢言堅守秘密，他才被我的誠意打動了，說道：「我一向欣賞你的誠懇虛心。我現在把性命安危託付你手，可見我是眞正信任你了。你既然一心要和我同行，我就答應帶你一起走，但你務必聽我的指示，一切要謹愼秘密進行，以免啓人疑竇。」

我們如此說定。以後便時時商量如何暗中溜走，如何籌集旅行所需費用。記得有一天，他對我說：「令尊有極多黃金和金幣，我們必須取得一大筆，才夠支付長程旅行的開銷和一些緊急費用。但我們必須等到要動身的當晚才偷錢，然後帶著錢和行李，僱一條船沿河走到哈德杰港，再從那兒登船出海。」

二

啓程的日子到來，我拿了重達二十五磅的黃金——包括一個羅士木、三個小判，以及十四磅重的金盤金皿。另外也帶了約價值一百克朗的銀幣、銅幣。我們師生二人（趁全家在熟睡中）離去，人約在夜晚十二點時到達哈德杰——距我家約九英哩。但由於出境的人必須有日皇欽印的許可狀，我們一時不知如何是好。我只得鼓起勇氣，召喚我父親的一艘樓船，命令舵手載我們到菲律賓群島中的主要島嶼馬尼拉（Manillo）——亦即呂宋。舵手起初有些遲疑，我便告訴他，我要到那兒去替我父親辦要事，他就不敢不從命了。

我們於十天內到了馬尼拉，此地距福爾摩沙約一百里格，在那兒停留了八天，找到了前往果阿的船，又繼續航程。從馬尼拉距果阿雖有大約一千里格之遙，一路卻很平順。未進果阿城之先，我的老師說，曾聽到過果阿的日本人說，基督教徒有一所招待館，外地人可享合乎其身分的免費食宿招待。「我們就去住，」他說，「把食宿費用省下來，以後需要的時候再用。」我是不會表示反對的，所以老師就引我直到一個耶穌會的修道院（我後來才曉得是修道院）。我們住在那兒的六星期中，果然受到無比殷勤的款待。

到了要離開果阿的時候，我問老師，是否該付錢給招待週到的主人。他說不必，但我不妨去問一位年長的十字架人。我便去問了，這人微笑答道：「我們從不收外地人的錢。倒是招待不週的地方，要請你原諒，因爲我們最近才在本城安頓下來，許多設備不足。到歐洲你會受到更好的招待，並不是那兒的基督教徒比我們慷慨，而是因爲我們欠缺的東西他們一應俱全。」我聽了他說的話，自然十分高興。因爲這證實了老師在未離福爾摩沙時所說的——十字架人是正派而好客的。

我們離開果阿，九個月後，將抵直布羅陀時，因爲目的地是別的海港，船長便問有沒有人要在直布羅陀下船。我正好身體不適，很想下船入城，因此我們師生便搭小艇在直布羅陀登岸，在港鎮養病長達五星期。

一待我病癒，我們便決定赴法國的海港土倫。未登船之前，老師說：「我想別人會看出我們是日本人，恐怕他們未忘日本人曾經迫害基督教徒。依我之見，我們應該換上別國服裝。倒不是害怕什麼，而是要避免引人注目。」我答：「您要不要換隨您，我的福爾摩沙服裝卻是和日本服裝不同的。而且我的衣服很華麗而貴重，我不想換掉。」

他說：「你就穿著你的衣服吧。我要到舖子裡去找些別的衣服。」於是他買來一套耶穌會教士行旅服裝，是與他們的教士團服不一樣的。換好衣服，我們才上船，十二天後來到土倫。在那兒看到一些男子的裝束是我從未見過的（似乎是嘉布遣修會和奧古斯丁修會教士），我便問老師：這些是什麼人？他答：「你這麼問我，好像我是本地人還是曾經來過此地，我其實並不知道他們是什麼人。據我猜測，他們是世界上不同地區來此海港鎮做生意的人，穿的是他們各自本國的服裝吧。」

我們從土倫到亞威農，途中經過馬賽、艾伊克斯（Aix）等地，看見每隔不過一英哩路，就豎著一個大十字架。我很納悶，就對老師說：「一定是盜匪罪犯太多，才會設置這麼多絞架。」他答：「不對。我想是爲了要嚇唬作奸犯科者，這些十字架似乎並未使用過。」

終於到達亞威農，老師進入城門就往耶穌會的修院走，彷彿這條路他早已走熟了。修院門口站著的一些人認識他，就跑過來，以奇特的禮儀和他招呼，說著我不懂的語言。他們引我們進入膳廳，我們走入才不過五分鐘，廳裡已聚滿了耶穌會教士，都用些我不理解的禮節和我們寒喧。有一人向著我脫下帽子，我以爲他要把帽子給我，就用拉丁文告訴他留著自用，因爲我自己有帽子。別人聽了都笑起來。

狄羅德神父那邊，對寒喧問話的人應接不暇，我根本插不上嘴，便決定等人群散了再問他，究竟怎麼一回事。因爲我已經猜到，他若不是生長在本地的十字架人，也必是舊地重遊，否則他爲何與每個人彼此相熟？爲什麼會和本地人用土語交談？來問候他的人之衆多，對待他的態度之恭敬，讀者是難以想像的。依我看來，人們若預先知道他要回來，也許會以鮮花撒上街面，高呼狄羅德神父萬歲哩！

他終於走到我身旁之時，只直截了當告訴我，他是一個基督教徒，本地是他的故鄉，我見到的那些人士之中，有的是他的親戚。他說：「但是你不要害怕。我曾告訴你有關這地方及其居民的事，你必會發現都是事實。我承認我把你從故鄉帶到這麼遙遠的異地，但你也要記得是你自願跟我來的。現在我給你一個公道建議。我來教導你基督教的教義，我們證明給你看，這是唯一正確的宗教信仰。之後你若願意接受，我們將供應一切，讓你在這兒生活得如同在家裡一樣安適。如果你仍舊願意回福爾摩沙去，我們也會幫助你，供給你長程航行必需的一切。」他這番建議的後一半，不過是做出來的樣子，因爲後來事實顯示，他根本無意履行這個承諾。

讀者可以想像，我聽了這一番話，細想自己處境之危險，是多麼爲難而驚訝。然而，因爲恐怕遭到基督教徒在福島受到的對待，我決心說些令狄羅德和耶穌會教士覺得順耳的話。於是答道，我從不排斥明確的證據，也不會做違背信念的事，他們若能以強有力的證據駁倒我的宗教信仰，我就會棄絕異教，口稱基督。如果他們做不到，我希望他們仍能寬大爲懷。

狄羅德神父表示同意，他有把握順利帶我皈依，這將是使他格外有光彩的成績，因爲他說我是一位國君之子（天知道此話的眞假），我就是爲了學習基督教知識才跟他到歐洲來的。

三

他們爲達成目的是不遺餘力的，甚至用盡謬誤的理論、花言巧語、危言威嚇。他們用理論是無效的，因爲我指出他們的信仰謬誤之處，比他們指出我的信仰之謬的還多。特別是聖餐變體論的教義（Transubstantiation），我提出幾個論點爲依據：

第一，我們的視覺、觸覺、味覺都清楚告訴我們，我們在聖餐禮中領受的是麵餅，不是血肉。我們若相信自己的感官所覺，就不能相信麵餅變成了基督的身體；按他們說是「肉體臨在聖體中」。

接著我便證明，我們必須相信自己的感官所覺。因爲基督行神蹟的故事，正是靠人的感官確定後，才奠立爲教義要理。假使那些曾經親睹基督行神蹟的人，不能確定自己感官所覺是眞的，那麼我們便不能確信，基督生平故事中所述的是眞有其事了。因爲有這些人肯定基督行了神蹟，神蹟才被信爲眞。若不曾有人憑自己所見所聞確信神蹟爲眞，基督教賴以奠定的所有證據都要被顚覆消滅了。因此，聖體變體論與相信神蹟是相抵觸的。假使我們相信基督行神蹟，就得接受感官的見證；但我們若相信麵餅在聖餐禮中化爲基督的身體，便必須否認感官的見證了。

第二，我指聖餐變體論必是謬誤的，因爲一個身體不可能同時臨在相隔遙遠的兩個地方。然而，按這條教義，基督的身體卻可同時實質存在於上千個不同的地點，世間所有舉行聖餐禮的地方，不論相隔多遠，都可同時有基督的肉體臨在。雖然他們說，同一個肉體無法臨於一個限定範圍以上的多個地方，卻能在定義上如此臨在。我仍覺得這是無意義而不合理的。假使一個肉身實體同時臨在幾個不同的地方，這肉身可能在甲地被殺而且已死，在乙地卻仍活著，這根本是不可能的。

第三，基督設立聖餐的時候說：「這樣做爲的是紀念我。」這表示他假定門徒行聖餐禮時，他不會在了。因爲，在場的朋友無需紀念，不在場的人才要紀念。因此，基督話中的意思一看即知，是指他不會親身在場（在這聖餐禮中）。我指出，聖餐變基督身體的教義不可能是正確的，因爲它假設麵餅的偶有屬性（accident）——此乃他們的用語——可以在無本體的狀況下存在，基督肉身的實體，可以親身臨在，而不必具有肉體的實質臨在。我認爲這兩點都不可能。因爲我無法想像，白麵餅不存在了，那麵餅的白卻可存在。又怎麼可能有看不見、摸不著、嚐不出的肉體實質？

以上便是我針對聖餐變體論提出的幾個論點，這些都未得到滿意的答覆。他們雖然說了好些勸我背離異教信仰，我卻覺得他們信仰的謬誤點，比他們指我的信仰的還多，所以仍固守我自己的宗教。也許會有教皇派的人要問，他們是否以講述聖餐論爲勸我入教的第一步。

其實並不是，但這是最令我起反感的一則教義。

我們的教義辯論展開之前，我在亞威農各地曾經隨便走動了四、五個月。我注意到有人崇拜彌撒聖體，忍不住問一位老嫗，人們抬著的是什麼？她說是"bon Dieu"——法語意即「親愛的上帝」。後來我又問一位男士同樣的問題，他說是「基督聖體」。我進入他們的教堂，看見他們把口中所說的親愛上帝吃了，這令我憤怒。即便他們能答辯我前面說的所有論點，我也不能成爲把自己的神吃掉的人。最令我無法忍受的，就是看著人們舉水祝聖，稱它是他們的基督、救主、上帝，然後把它吞嚥掉。如此荒唐的行徑，就是把東方所有的黃金給我，我也不肯去做。

他們既知理論不能使我心服，就試圖用花言巧語的迂迴手段來收買我的心。但我已太清楚他們的虛假詭計，例如到福島來冒充非基督教徒，違背他們容許宗教自由的承諾，所以我不再相信他們的任何承諾了。而且我也十分清楚，我若是返回故鄉，能享有的榮華富貴比他們能給我的多。總而言之，我一心盼望與父親重聚，加以恐懼在遙遠異邦與陌生虛假的人共處，對他們表示的好意根本不理會。同時我也在計劃準備，打算用最可行的法子逃走。

我必須承認，住在修院的六、七個月裡很受禮遇。但他們百般勸我入教的行爲，卻使美意變質了。我爲了擺脫這些糾纏，遂表示想在城中另覓一個住處，他們竟爽快答應了。我攜帶的黃金並未花完，此時想把它都變賣，充當我離開修院後的生活費用，不要再靠他們。我的金幣都是福爾摩沙鑄的，價值比耶穌會教士們的珍希物品都高，所以他們很想留爲己有。他們找了一名金匠來估價，金匠估了二百五十畢士度（pistole，舊金幣名），教士們同意照價付給我。他們的確不時給我十個、二十個畢士度，但我至今不曾收回總值的三分之二。

我住在此城的七、八個月期間，他們也曾准許我到鄰近地方去看看。他們並不擔心我會逃走，因爲我是人生地不熟的，而且我的錢在他們手裡，根本不可能走遠。

一次我到伯開爾（Beaucaire）的市集，遇見一位最近從巴黎來的先生。他說，巴黎有一位金匠是個日本人。我趕緊回亞威農，請教士們准我到巴黎去看這位日本人。教士們卻勸我別去，因爲不但去巴黎的路上危險，巴黎城裡的公共場所也是宵小猖獗，經常會爲了搶錢而殺死行旅者。我若是活得不耐煩了，我就可以去巴黎。這些嚇人的話使我打消了念頭。

時逢天主教的大赦年（Anno Sancto），教士們邀我和十七位青年一同去羅馬。他們此去不是出於宗教虔誠，而是因爲好奇，想一睹將在羅馬舉行的盛典之隆重壯麗。教士們勸我也去，希望我看了盛典肅然起敬而投入天主教的懷抱。我欣然同意前往，於是一行人共赴羅馬，別人都穿著朝聖服裝，我仍是日本人打扮。

我們到羅馬時，教皇已病危臨終，不能接見任何人了，但我們參觀了這座名城中的所有寶貴之物。由於我帶著亞威農耶穌會教士的介紹函而來，羅馬耶穌會教士待我如上賓。他們勸我入教時，我就推說要回亞威農去，請原先帶我離鄉的那位神父爲我施洗入教。在羅馬待了一個多月，我們返回亞威農，教士們見到我十分欣慰。依我看來，他們曾指示同行的這群青年看緊我，以防我逃走。因爲整趟旅行中他們寸步不離地監視我，就像獄卒押解犯人似的。

四

回到亞威農不久，教士們問我，看了羅馬的種種盛典有何感想？我說一切都令人讚歎，隨即又說：「你們反對異教信仰，旣然是因爲我們的宗教崇拜只存乎外在表相，你們又怎能用外在儀典來堅振你們的宗教信仰？」他們答得好，說他們並不只是因爲外在性而反對我們的宗教儀式，卻是因爲其中欠缺內涵之故。至於基督教信仰，內涵力量遠重於外在表相。因此，我們的那些儀式若不能感動人心，乃是無益的。基督教的儀式卻是用來激發敬畏的，要促使人們以更大虔敬熱誠崇拜上帝。

我聽了他們的回答，未再說什麼，做出滿意的樣子。雖然我可以說，我們的異教信仰用那些儀式的目的，和他們的宗教是一樣的。事實上，三教九流的羅馬人的腐化生活，才是最令我震驚的事。他們似乎公然通姦雞姦，毫不避諱外來的旅客。我不禁想到，假使這些人眞心信仰他們的宗教，就該遵守宗教的訓示循規蹈矩。但他們的惡劣行徑顯示，他們強迫別人崇信的宗教，他們自己並不眞信。另外，我聽過許許多多神蹟之說，有的是聖彼得的遺物致成的，有的是其他聖徒的，但最多的是羅萊托（Loretto）小教堂的神蹟傳說（我認爲那全是假的）。由此可見，有關基督行神蹟的敍述也是假的了。因此，羅馬之行不但未能誘導我接受基督教信仰，反倒令我反感加深了。

從羅馬回來後，耶穌會教士善待了我幾天，但大部分時候我都在回答他們有關羅馬之行的詢問。有一回，我忍不住說，記得他們先前都說，羅馬和羅萊托天天都有很多神蹟發生，爲何我連一次也沒看見。他們答道：「你若相信，便會看見很多了。」我說：「請問，你們所謂的神蹟是什麼？我以爲神蹟是用感官去領受的，不是用信心去看見的。當初基督行神蹟的時候，在場目睹的猶太人並不是已經相信的（這一點乃是你們承認的）。」

他們制止我再說，答道：「不能再任你放肆下去。我們爲了接納你到教會懷抱，已經等了夠久，用各種道理苦口婆心勸你，你卻一味冥頑。我們沒有耐心等你拖延。宗教法庭（因我們要求之故）至今不曾帶你去審詢，你卻用盡方法拒絕我們的規勸，那麼你就等著他們隨時來押你去吧。」

於是，八天之後，來了一封宗教法庭法官的信，明令我去受審詢。教士們拿信給我看（我也不知是否僞造的），說信上要我在十天之內皈依基督教，否則就得坐牢了。不過他們已與法官商議過，准予寬限至十五天。如此寬限乃是期望能公開宣布我皈依，並且於八月十五日聖母升天日受洗。

那時候我對宗教法庭已有相當認識，所以我很害怕，不得不低聲下氣，並且耐著性子聽他們的詭辯。我的謙恭態度，再度燃起他們用理論說動我的希望，因此他們重新講起大篇宗教義理。但是他們的理論多麼無力，諸者可從以下的例子看出來。

他們要證實天主教會是絕無謬誤的，就以聖經的絕無謬誤爲理由；之後又反過來以教會的絕無謬誤性，證明聖經是絕無謬誤。

他們想用類比的方式來講解教義中的奧秘，如用一片摺成三摺的布，來講解三位一體，然而那三摺仍舊只是同一片布。

他們不准我閱讀聖經，其實他們是可以援引聖經篇章爲論點依據的。他們不這麼做，反而拿許多記滿神蹟的書教我看，指稱是聖徒所爲。其中包括帕都阿的聖安東尼（St. Antonius of Padua）的傳奇，說他爲了說服一個異端者接受聖體變體的教義，使一頭驢子向祝了聖的水下跪禮拜。

他們要我相信，他們的宗教信仰應是多麼美善的事，他們有了宗教的眞理是多麼滿足，寧願捨棄家人、放棄世間的享樂，遵守福音教訓，以身作則而打動他人皈依。我聽了這些話，大膽地說，捨棄一切而追隨基督的人只是少數，大多數人卻耽於酒色逸樂。而且，我們異教信仰同樣有許多修道士過著禁慾守貧的生活（見第一卷第八章）。

辯論過程中，他們用的方法是我沒見過的，說的一大堆難懂的用語和怪異字句，我認爲都是特別爲了答辯我的質疑而造的。有一天，我禁不住說，我不懂他們的三段式辯論和咬文嚼字在講些什麼。他們之中有一人氣沖沖地說，我是故意裝傻。這時候，狄羅德神父說，既然我不了解這位神父說的，他要用我故國的語言解釋給我聽。

然而，他卻這樣對我說：「好孩子，你曉得宗教法庭發出的是什麼命令，那是一定得遵照辦理的。因爲我疼愛你，你這麼頑冥不化很令我遺憾。我認爲，你若是稍懂道理，就該選安全之策，自願成爲基督教徒。這位神父說的話是絕對有道理的，你現在即便不甚理解，我也勸你知變通些，不要再質疑，接受他說的理由吧。」

我意識到自己處境的危險，只得聽從狄羅德的勸誡，回答教士們說：「你們剛才所講的我已經明白了，現在請繼續講，指示我的迷津。」他們於是高高興興接著往下講解教義，威嚇利誘兼施，不斷哄騙我，我幾乎一時糊塗，要宣布接受他們的規勸了。

然而，我畢竟還抱著逃出他們掌心的希望。若能順利逃出，我打算去荷蘭，再在那兒搭上回日本或福爾摩沙的船。因此，我把歐洲地圖上，從亞威農到荷蘭途中每個城鎮的名字都記了下來。

十五天寬限期已過了九天，我找了一個猶太人到我的住處，偷偷把不能攜帶的非必要衣物賣給他，得到一些支付旅費的錢。次日便是我計劃要動身的日子，爲避免別人疑心，早上我約了四位相識的青年去野外散心，要越過隆河（Rhone），到一個叫作新市鎭（Ville-Neufue）

的地方。那兒有各種娛樂，也是法蘭西國王統治的範圍，所以不受宗教法庭管轄。

到了城門口，守城兵放我的同伴通行，卻對我說，接到特別指示不得讓我出城。我雖然大吃一驚，卻沒露出不安的神色，只從容地和同伴們道別，表示既不能去野外，我就回城裡去逛逛。其實我沒到城中去，而是回到住處，待到晚上八點鐘，然後到前面說的那猶太人處，把我身上穿的衣物脫下來給他，他給了我一件黑外套、一條箍帶、一頂假髮、一個闊邊帽。

約晚上九點鐘時，我裝扮成修院修士的模樣，打算從另一邊的城門逃出。不幸，我已是人人注目的人物，怎樣假裝也瞞不過人了。城門口的兵士看出是我，便擋著不放。這一次我幾乎要跌入絕望的深淵，以爲我必然難逃魔掌了。

感謝上帝，我及時振作，在危急中有了莫名的鎮定。我想到金錢的威力，想到衛兵是傭兵，於是我將一枚畢士度按在他手心裡(其實爲了要離開亞威農，我甘願把一切財物都給他)。他起先躊躇了一下，說他若是受賄放我走，會給他招來大禍。我叫他放心，因爲天色甚晚，我是喬裝改扮，旁邊又沒有別人，除非他自己說出去，不會有人知道。他終於收下錢，放我通行了。

最仁慈的上帝，便這樣讓我逃離了殘酷的耶穌會教士與宗教法庭的掌握。我若不假裝接受那我不相信是正統的宗教，他們能給我的最寬大的處置，也不免是終身監禁。

五

我逃出亞威農後，溯隆河而上，到了奧倫治(Orange)，然後經過聖艾斯普利(St. Esprit)、布爾(Bourg)、瓦朗斯(Valence)、羅曼斯(Romans)等，到達了里昂(Lyon)，接著再到布爾岡布列斯(Bourg en Bresse)、薩蘭(Salins)、貝桑貢(Bersangon)、比佛赫(Befort)，抵達布里薩克(Brisac)。由此再沿萊茵河走，到了科爾瑪(Colmar)、色列史塔(Selestat)、史特拉斯堡(Strasbourg)、哈根瑙(Haguenau)、威森堡(Wissemburg)，終於來到朗道(Landau)，這也是我旅途之中屬法國轄內的最後一個城市了。讀者也許猜到，我因為恐怕被人追捕，所以不曾走進上述各城市，甚至連在城裡過夜也不敢。只有不能繞過的地方——如里昂、布爾岡布列斯、史特拉斯堡、朗道，我才從城中穿越。

在好幾個地方，我被攔下來問：從何處來？是什麼國籍？信什麼教的？被問到第一個問題時，我必答是從羅馬來。因為我能講一點義大利語，問者都信以為真，還帶著我參觀大赦年慶典作的一些筆記。第二個問題，我有時答是日耳曼人，有時答愛爾蘭人，有時答英國人，因爲這些是我聽說過的，但我不會說這些語言，好在也沒遇上用這些語言問我話的人。被問及我是否天主教徒時，我就答：「蒙上帝與聖母瑪麗亞賜福，我是的。」我並且在胸前劃十字，口中唸萬福瑪麗亞。我一路便是這麼混過關的。

我從朗道又路經諾伊史塔（Neustat）、沃姆斯（Worms）、麥恩斯（Maience）、科布倫茲（Coblents）等地，最後抵達安德納克。這是神聖羅馬帝國諸侯之一的科隆諸侯領地。當時科隆諸侯方下令徵集步兵團，過往旅客都被軍官們強征，我也不曾倖免。我在小隊長問話時坦承是福爾摩沙人，而且不是天主教徒，是「異教徒」（此乃歐洲人的用語），因爲聽了許多有關歐洲的奇聞，所以不遠千里來一探究竟。

小隊長說：「我不管你是哪一國人，信什麼宗教，只要你能扛起火槍就行了。」我說了很多理由，希望他放我走。他卻很和顏悅色地說，他必須遵照上頭的命令辦事。我即便是走了，不出二十哩又會被征去。因此，他說：「你不妨跟著一位待你好的軍官。況且，我們到了波昂，我就會向長官報告你的事，他一定會帶你去見殿下，也許你會被放走，而且能得到通行證，安然無恙抵達荷蘭。」我聽了他的話，也覺得有理，便聽從指示，編入了他的隊伍。

那時安德納克征集了三隊軍士，林茲（Lints）有三隊，波昂有六隊，都要到波昂會合。我們到波昂之後，隊長便按他原先的承諾，向上校長官謝法里耶・德・聖莫里斯（Chevalier de St. Maurice）報告了我的情形。此人卻是個有偏見的教皇派，認爲容許異教徒在選侯殿下的麾下服役是奇恥大辱。於是他稟報殿下，殿下即命令將我交給耶穌會教士們，以便規勸我改奉基督教。

憑著先前的經驗，我曉得他們用理論是說服不了任何人的，更遑論使猶太教徒、回教徒、信多神的異教徒皈依了。我因爲曾經領教過他們的意見，以及他們用以自辯的好幾種遁辭和特定用語，所以對於辯論競賽是頗有把握的。他們指我的信仰有荒謬點，我也一樣指出他們的信仰的荒謬點。因我毫不猶豫地有問必答，提出的理由又正當，我們的上校長官不禁驚呼：「這不是你在講話，是魔鬼藉你的嘴在講。」

末了，一位耶穌會教士拉我到無人之處對我說，我若堅持異教信仰，處境會很糟；若我願意宣布接受教皇派信仰，他能爲我從選候殿下那兒爭取到大大的好處。我就告訴他，他得先說服我相信他的宗教有理，然後再要我承諾皈依。然而他做不到這一點，我也就不理會他提的交換條件，繼續信我自己的教。

上校卻按捺不住了，揚言要把我關進牢裡，只給我清水和麵包吃，直到我宣布改奉天主教爲止。我們的隊長卻比他們這兩人都正直，他既已強迫我從軍，就不容許我再受任何傷害。於是他請求上校放我走，並且給我通行證去自由旅行。上校也就應允了。

我離開波昂之後，再踏上旅途，又來到了科隆。守城兵攔下我，帶我去見近衛團的隊長。我出示了波昂發的異教徒解役證明書，隊長卻說：「別人是呆子，我可不是。你雖然是異教徒，仍舊可以和最虔誠的基督教徒一起服役。」所以我便不得不成爲該團的一名士兵了。

我們的上校布克瓦（Buchwald）、少校奧依爾（Euyer），以及隊長瓦恩史多夫（Warnstorff），都是路德會的信徒；中校長官是法國人，信的是天主教；其餘軍官以喀爾文教派者佔多數。整個軍團原是由梅克倫堡（Mecklenburg）親王的荷蘭軍僱用的。

入伍不久，我們的上校和隊長召見我。隊長說：「我們很關注你的未來幸福。不錯，我們是一定允許你宗教自由的。但是我們希望你接受正確的基督教知識。我們知道，羅馬教會曾經令你有反感，那是必然的；我們的宗教信仰卻沒有那些謬誤。我自己並不是爲你解說教理的適當人選，但是，你如果願意聽聽看，我會請路德會的牧師來給你講解。希望你聽了他們講的，會認爲比羅馬派教士講的有理。」

我說，只要是能說服我相信其道理，我隨時願意接受任何宗教。上校就定了日子，要我屆時在他府中與路德會的牧師們相會。目前先由慕登（Muûthem）——距科隆約三哩的一個村子——的牧師、布蘭登堡（Brandenburg）軍團的兩位隨軍牧師，以及科隆的路德會牧師來作安排。

在此必須先向讀者說明，平常時候，路德會信徒和喀爾文派信徒，是不准在科隆公開進行崇拜的。在戰時，他們可隨時聚會崇拜，這是因駐防軍中有「新教徒同盟會」之故。平時只有科隆本地軍隊防衛時，這些聚會崇拜場所都是關閉的。路德會、喀爾文教派的百姓，都得渡河到一個叫作杜伊特（Duiit）的地方去做禮拜。

六

言歸正傳。當時因爲我並不熟悉路德會的教義，爲了準備迎接教義辯論，我去找一位喀爾文派信徒，問他路德會和喀爾文派基本教義有什麼差異。他答，主要的差異在於「聖體同體論」（Consubstantiation）。他說，這條教義其實和羅馬教會的聖餐變體論是一樣荒謬的。我就請他說明這條教義講些什麼，又有什麼值得駁斥之處。他一五一十告訴我，又講了幾個可以駁斥的理由。我便將它們加以整理，以備我辯論時之用。

約定的日子到來，四位牧師和我在上校家相會了。他們以肯定聖經的權威爲開場白，將許多論點講得鞭辟入裡。但是他們耗了太多時間在講那些我已經明白的事，我差點要不耐煩了。終於他們講到了聖體同體論，我便直言，這可能犯了羅馬派聖餐教義的許多相同錯誤。第一，它否認吾人感官體驗物象的確定性，因此也消滅了基督教信仰的重要證據。因爲基督教藉神蹟確立其信仰，而神蹟是往昔人們憑感官所覺而確認的。第二，路德會教義和羅馬派一樣，都認爲基督肉身已升天而享榮耀與不朽，卻又指基督肉身存在於聖餐之中，而且同時存在於各個不同地點的聖餐禮之中。我認爲這是不可能的。

除了以上的共同謬誤之外，路德會教義另有一些講不通的地方。如他們認爲，基督說的「這是我的身體」，應當從字面上理解，所以麵餅的實體是在的。按此說法，基督的話表示麵餅的實體確是基督的肉體。這就犯了言語矛盾的毛病，因爲一件物質根本不可能同時又是麵餅又是肉體。

又如他們主張，聖餐禮的麵餅是基督肉體的象徵，同時又是基督眞正的肉體。但是，同一件事物，不可能既是象徵物又是所象徵之物，任何事物不可能是自身的象徵。此外，他們堅持說，基督的身體活在聖餐中(他們否認教皇派所相信的，在彌撒中殺死再獻上聖體之說）。聖餐既與神性合一，當然便是禮拜的對象，而他們卻反對崇拜聖餐。

另外我還提出別的論點，反駁他們的聖體同體論。我說「他們的」，是因爲就我所知，許多其他路德會信徒並不相信這一條教義。

牧師中的一位說，我的反駁操之過急了。因爲，我若能相信聖經所載爲眞，他便可以聖經爲據，來證明這條教義。我回答說，假設我已相信聖經是上帝說的話，如果聖經贊成聖體同體論，我會認爲那是某位譯者爲支持其個人意見而添進去的，因爲這不像神的奧秘，而是與理性思考相抵觸的。我接著又說，他們該做的是解答我的疑問，不是一昧肯定自己的教義。否則我倒也願意爲他們講一講我的宗教信仰的道理。

那時天色漸漸晚了，他們既知說服不了我，就決定暫時告一段落。

住在鄰近科隆的這一位牧師，向我長官要求，要帶我到他家去住一星期或兩星期，表示一定能在這期間說動我。我雖不大願意去，長官卻命令我跟他去。我去了才三天，隊長就來造訪，他和牧師合力勸我，以許多美好承諾利誘——也不知是眞的還是在測驗我——要我接受他們的信仰，但是我一直不爲所動。

我們的中校長官獲悉路德會信徒們勸我不動，他非常高興。沒過多久，他就帶我去會見嘉布遺修會的教士，介紹我認識一位擔任「新近皈依信徒社」總監督的神父。這位神父帶我去看一群信徒，大約有六十名年輕人，都是原先曾屬路德會、喀爾文教派、猶太教的人，現在都接受了羅馬派的信仰，享受著恰合其身分的舒適生活安排。我忍不住微笑道：「我若是有財力提供他們比這兒更奢華的生活，也能促使他們大多數投入異教信仰。」監督神父聽了我講的話，似乎怒不可遏。我覺得爲安全起見，最好及早離開。中校倒不很在意我這樣無禮的言語，隨即帶我去會見耶穌會教士，但是他們講的道理，與亞威農的耶穌會教士一樣對我起不了作用。

後來，團裡的喀爾文教派軍官邀我去會見他們的一位牧師。我當天先婉拒了，就說改在下星期某日再去。這期間，與我相熟的天主教徒和路德會信徒就告訴我，喀爾文教派有一條「絕對得救預定論」(absolute predestination) 的教義，我便先爲反駁這條教義作了準備。會見牧師的日子到來，軍官們帶著我去見這位喀爾文教派牧師。他講的宗教信仰井井有條，差點就使我變成基督徒了。他講起教義是那麼合情合理，我簡直不認爲他會相信絕對的得救預定論。然而，我要他解說這一條教義，他卻講得那麼軟弱無力，爲了論證而曲解聖經，令我訝異至極，忍不住要懷疑他先前講的那一番大道理。

我告訴他：「假如絕對得救預定之說是信仰必不可缺的要件，我便是得救無望的人，因爲我不能相信這一點。然而，假使這個理論是眞的，那麼我就不可以被指爲不信眞教而有罪，因爲我之所以不能得救，乃是上帝旨意。所以我以異教徒或基督徒的身分死了，距離靈魂得救其實是一樣遠的。我不可能信基督，除非我相信祂曾爲我而死。而絕對得救預定若是眞的，我永不能確定基督是爲我而死，因爲你說祂是爲上帝預定要拯救的靈魂而死的。我既不能確知我是不是預定可得救的人之一，我就不可能接受這個宗教信仰。」

我的這些話，以及類似的理論，這位牧師都無言以對。他表示不願再多說，指我是頑固之徒，不肯聽道理與聖經教誨。

以上三次勸我入教的行動過後，我在科隆期間一直固守自己的拜偶教，也沒有任何人再試圖來點醒我了。

七

我在科隆待了六個月，軍團也一直駐守在此。後來接到命令要調防，與別的軍團合力圍攻凱瑟史瓦特（Keyserswart）。攻陷了凱城之後，我們的軍團被派到荷蘭波伊史列都（Bois-leduc）的休假營。在這兒也有喀爾文教派牧師來看我，但我想他們是爲了滿足好奇心，並非有意來勸我皈依基督教，因爲我們的談話多半只涉及我故鄉的風土民情。

其中有一位曾經問我爲什麼不願信奉基督教？我直截了當告訴他，是因爲從未有人講出標準正宗的信仰系統；教皇派要講聖餐變體論，路德會要講聖體同體論，喀爾文教派要講絕對得救預定論，都中傷了基督教。除非把這些謬論修正，一般有常識的異教徒是不會來皈依的。我接著又重複以前駁斥那些教義謬誤的論點，尤其指出喀爾文主義的謬誤，他卻絲毫不能給我滿意的答覆。

我們從波伊史列都移防至法蘭德斯(Flanders)的史萊色(Sluyse)，在此停留了十四星期，都不曾有人再和我談起宗教的話題。後來，仁厚誠懇的勞德爾將軍（Lauder），他當時擔任史萊色總督，邀了一位法國教會的牧師到他府裡。這位牧師名叫達馬勒維（D'Amalvy），是自視頗高的人，他主動要求和我辯論。到了約定的這一天，一大群有學識的人也到場來聽我們對談。達馬勒維當衆宣布：如果我闡述我的宗教義理比他講的基督教教義還合理，他甘願放棄自己的宗教信仰而皈依我的宗教。我也作了同樣的承諾，以回報他的誠懇態度。

一切說定，便由我開始講我所信仰的神，以及我們崇拜神的方式。我盡可能在臨場無講稿的情況下作了恰當說明。我講到神指示我們用幼童獻祭的時候，他打斷我的話，問道：「這豈不證明你的神是殘酷的嗎？」我說這樣要求用活人獻祭固然是殘酷的，但我也乘機將話鋒轉向他，指出他們的教義解釋下的上帝更殘酷。因爲，奪去人的生命若是酷行，那麼，故意造了人而使之永世痛苦，在他們未出世之前就預定他們永劫不復，不論他們行善行惡都得墮入魔鬼的深淵，這就是更加殘酷了。他聽了我這些話，說不出什麼辯詞。

我於是接著講，我們的神會以大象、公牛等獸形向我們顯現，我們也就膜拜這些獸形的神。他又說，全知的、無始終的、無限大的、不可理解的、永恆的神，不可能包含在這些獸的形體內。我答道：既然神不可能合於獸的形體中，他的宗教信仰爲何也有類似的荒唐說法？我說：「你們認爲聖靈即是無始無終、無限大的上帝，而聖靈以鴿形顯現，那豈不是比大象、公牛等等還要小嗎？」

他沒有答辯。在場的許多人本來想要替他答辯這個問題以及其他論點，他卻要大家安靜。總之，他告誡我要表現基督徒的謙恭溫和，似乎決意要獨佔驕傲自負的特權。這兩種氣質很明顯地從他的言行上流露出來。這次會談在未能給我任何正面影響的狀況下結束。

假使上帝不讓我在教理爭論的險境裡遇見一位更好的導引者，我必將在茫然航行時撞上某些基督教徒偏頗意見的礁石，永沉於我自幼受教的拜偶信仰之中。若沒有他的明示帶領，我絕不會接受前述等人宣講的那種宗教思想，因爲他們把陰間冥府的看門惡犬瑟伯勒斯（Cerberus）放在教義的門檻上，將可怕的絕對得救預定之說，當作信仰的必要條件。這條教義卻把至善慈祥的上帝描述得暴虐殘酷，以折磨祂創造的人類爲樂。這樣惡劣可怖的上帝塑像，消滅了一切律法賞罰的意義，使絕大多數的人——按喀爾文主義的說法，無端受永世痛苦而不得脫身。這根本完全顚覆了一切宗教信仰。

八

就在我處於這種危險的困惑之中時，上帝（無限智慧至善的上帝，祂不容許祂以全能創造的宗教，被一些傳道人的無知與錯誤所絆）慈悲，賜給我如此一位公正誠實的帶領者，順利無礙地引我皈依。他給我講解純淨的基督教教義，不摻雜聖餐變體論、聖體同體論、絕對得救預定論等歪曲理論，不是被許多不同派系堅持的謬誤複雜化了的宗教信仰。

他用數學的方法，藉定義、定理、公設、命題來講解教義。他將教義分爲兩部分來講；第一部分包含基督教信仰的一般概論，第二部分是英國國教的領域——因爲這是與其他分裂教會派系有別的一支。茲述如下（上帝慈悲，拯救我脫離異教信仰之錯誤與迷信）。

皈依基督教之理由

定義

1 上帝是無限大的、非被創造的、永恆的神，包含一切實際存在與可能存在的完美。

2 任何事物之天然狀態與功用，能夠呈現上帝的某種或多種屬性，便是為榮耀上帝而創造。

3 神蹟是超越一切自然因素之力量的明顯作用，乃是為了證實正確宗教信仰而來的。

4 啓示乃是神意的特殊表露，是人的天賦智能無法成就的。

5 宗教信仰乃是上帝要我們做的崇拜方式，也是我們應當獻予上帝的崇拜或崇拜方式。

6 被造的生物有植物性的、感知性的、理性思考的。

7 所謂絕對必然存在者，若是不存在，其他一切均不可能存在。

定理

1 一切被造物並非天賦就有相等的完美。

2 二個或多個的命題若相互矛盾，不可能都是眞。

3 若有二件或多件事物，其中含有二個或多個相互抵觸之命題，則這些事物不可能均為眞。

4 世界上有多種不同的宗教信仰。
5 每個宗教都含有若干命題，這些命題可能全爲眞，或全爲假，或部分爲眞，或部分爲假。
6 除非吾人具有能思想的智能，上帝榮光不可能顯示給吾人看見。
7 某人的思想智能愈強，其所想出的事物（即其智能思想之客體）之固有屬性就愈明確。
8 任何事物均不可能從無而來。

公設

1 榮耀神、大衆公益、每一個人的利益，乃是所有正確宗教信仰的主要目的。
2 人必須是相信某些事物，或是什麼都不信。
3 任何事物若無充分證據爲眞，不能被相信。
4 有同樣或相等證據的事物，應得到吾人同樣或相等的肯定。

命題

1 有一位上帝存在。
2 一切是爲榮耀祂而創造。
3 吾人對一客體所知愈多，當然就會因思考該客體而引起對其的愛或厭恨。
4 世上所有的不同宗教，都是因對於吾人所崇仰或以不同程度情感對待之客體的愛或恨而產生的。

5 不令上帝得快意的崇拜，不應獻予上帝。

6 世上所有的不同宗教信仰並非全部都合上帝之意。

7 世上只有一個有別於所有其他的宗教信仰，是上帝所悅的。

8 人靠秉賦不能認識這個宗教。

9 藉某些方法可分辨正確宗教信仰與虛妄宗教信仰。

10 啓示是絕對必需的。

11 同類的被創造者當以同一和諧方式表現對上帝的頌讚，此乃是創造者天性必備的，這才符合上帝的智慧。

12 上帝可能按其意願給予人類或多或少之啓示。

13 神啓的證據愈完整，宗教信仰的本身便愈完美而廣泛通行。

14 上帝啓示的不是令使全人類皆信的宗教，故表現證據亦未到達遍及全體的程度。

15 該宗教的啓示較之其他乃屬最完美，其證據亦屬最具普遍通行性。

16 該啓示，以及該宗教，堪稱最有普遍通行性。其證據明確，能相信任何事的人皆不能質疑。其理論可激發各等高低才智的人去力行遵奉。

基於以上明確理由（均爲我那虔誠的帶領者之分析，他並且口頭逐一詳細解說證明），蒙神恩之助，我心悅誠服接受了基督教信仰。

我敢斷言，任何人若能按上述法則，仔細檢討世上各個宗教，必可看出，唯有基督教是當之無愧的人類共通的宗教，而猶太教、拜偶異教、穆罕默德的宗教卻不是。

九

由於基督教有許多教派之分，我一時不知該加入哪個教會。荷蘭教會的牧師勸我參加他們，他說有主教治理的教會是不符合聖經與原始教會的。另一方面，英尼斯（Innes）先生則確實證明，主教統理的制度，是基督教教會的原始治理形態。因爲我猶豫未決，雙方便用數學方法求證，同意了一些原則，解除我心中的疑惑，使我成爲英國國教最虔誠的一員信徒。

解釋的原則

定義

1 有聖職的人是教會團體中的一些精選人士，所享的權力或特權，爲教會中的每一名成員所不能獲得。

2 被授聖職賦給的權力，是管理聖事之職權，以及執行救世主制定之其他神聖規條之職權。

3 教會是一群相信並力行基督教教義者的團體，有權管理聖事，並執行救世主制定之其他神聖規條。

公設

1 一群體（教會）之權力得屬某一人或某些人，但並非每一成員皆可享有之。

2 一群體（教會）於動亂時期出於必要之行爲，不可成爲該群體或其他群體於安定時期當享的權威或特權。必要性不能促成合法性，只具有可原諒性。異常狀況可修正時，必要性亦喪失。

3 相反之假設若具有可能性，仍不足以消滅已發生之事實的眞實性。亦即，不可因爲某事可能爲另一情狀，便說某事不曾爲其已發生之情狀。

定理

1 基督教教義必是以確實證據爲基礎者才可相信。

2 基督教徒不可遵行不相信之事（就其基督徒之身分而言）。

3 某人或某些人不能將自己未擁有之物或無權支配之事物給予另一人或另一些人。

命題

1 自救世主與使徒的時代起，世上便有基督徒之教會組織存在。

2 教會除自救世主與使徒衍生之權威外，並無其他權威。

3 使徒被賦與之權利，並不及於一般基督教徒。

4 在使徒時代或原始教會時代，一般基督教徒並無管理聖事聖禮與傳播福音之權力。

5 不具上述權力之人，不能將此權賦予他人。

6 上述權利持續屬於具有聖職者，而此權乃是救世主與使徒賦予。

7 上述權利自基督教教會肇始時代起，便不可侵越而未曾中斷地由聖職者傳與我們。

8 教會乃唯一被賦予管理聖事執行神聖規條之基督徒群體，凡脫離教會的人們，不是一個教會。

9 任何人均不應參加無權管理聖事執行神聖規條之教徒群體。

10 除非得自有權授予上述職權者之授予，任何人不得僭越上述職權。

11 凡獲具授予權者授予上述職權之人，應憑依充足證據確證授權者眞正有授予之權，不可憑揣測可然，而證實其不曾僭越。

12 任何人不得確證此事，除非有充足證據相信，授權者爲聖職者。蓋聖職者乃獲得使徒賦予此權，自基督教教會肇始之初便不可侵越而未曾中斷地傳下來。

13 確證此事的唯一無二方法，乃是從自己所處時代回溯至使徒時代或原始教會時代。

14 不能出示證據者，不可能爲具有聖職者。聖職者獲得使徒賦予上述權力，自基督教教會肇始之期便不可侵越而未曾中斷地傳下來。

15 英國國教會能夠出示此證據，因此爲有聖職者，得使徒賦予此權，自基督教教會肇始之初便不可侵越而未曾中斷地傳下來。

以上有關教會派別的命題，都是我淵博公正的導師英尼斯先生講述給我的。這些命題樸實有力的證據，掃除了我對基督教各個不同教會的疑惑不解，衷心依附英國國教會，相信其爲眞正使徒傳統的教會，在制度與教義上完全無誤。

我很清楚，不論多麼正確的眞理都有可能遭到持相反意見者的質疑。所以我對史萊色的牧師說：「諸位若能像英尼斯先生這樣，把你們教會的根本教義解說透徹，我願意將兩者作比較，然後作正確判斷。你們若不能這麼做，就請原諒我不加入你們的教會了。」由於牧師們無意爲我作這樣的講解，我便坦然公開承認自己是英國國教徒了。

教會派別辯論既已告一段落，我要再深入探討我的導師所講的道理，以證實基督教信仰之正確無誤。將按以下程序討論之：

1 證明創造一切之上帝的存在，並說明上帝之屬性。

2 探討上帝創造天國、人世，以及其中一切事物之最終原由，藉以推論一切均是這全知最智慧之神所創造。

3 肯定上帝的某一項啓示之必要性，說明人類應以某一方式崇拜上帝，而此種崇拜即應稱爲宗教信仰。

4 列舉人人可藉以區別眞宗教與假宗教的各個特點與證據。

5 證實基督教是上帝啓示的唯一眞宗教，世上一切其他宗教均爲假。

末了，我要針對我以異教徒身分提出之對於基督教之正確性的主要質疑，提出答辯。

一 論上帝之存在

吾人可以確定，一切宗教信仰皆以有神存在爲基礎。否則，若不能確定有一位神存在，一切有關崇拜神的疑問辯論都是多餘的。絕大多數的人——包括異教徒在內——都同意，有一位神存在。然而，由於有人質疑，我將藉兩個論點來證明，以免屬於一切啓示性宗教的這一條根本教義，遭受無理性人士之攻訐。

展開論點之前，我也許必須略述博學人士對於人之所以知道有神的各種不同意見。有些人士認爲，神的概念是人類生而有之的，有些人士認爲不然。另有人認爲，人類知道有神乃是從啓示得來，或是從上帝創造的第一個人傳下來的。我暫不細論諸家說法，希望各方同意，憑著恰當運用理性思考智能，加上直覺所知的道理之助，人類得以確知神的存在。以下論點將證實神之存在。

論點一

凡存在之事物，必是自身原本就有，否則乃是從他物而來。自身原本即有者，必是不賴他物而恆有的，也就是神了。若是從他者而來，那麼，一切次因（second cause）都是從賦予其存在的他者而來（如我們來自父輩，父輩又自其父輩而來，依此類推），這些次因若非彼此不斷互造，並無一個始因，便是有時果可造因，彼此循環互造。不然，吾人必須承認有一個造就一切事物的初因（first cause），亦即上帝。

無限多個連續的因永恆地不斷互造，是不可能的。因爲，每個從無造出新事物的因，必須具有某種啓始的作用力，這作用必是在有限的時間內完成。所以，不可能有這種永恒不斷造物的作用，一切事物必是在某種限定時間內造的。這與永恆是明顯相互矛盾的。

因的循環互造——最後的果促成最初的因，也是不可能的。因爲按此說法，同一件事物即是其因之因，既在其因之先，也在其因之後；既在自身之先，又在自身之後，這顯而易見是不可能的。所以，我們的結論必然是：有一個非被造的初因存在，這存因乃是其他一切事物的創造者。

論點二

我確知世宙間有某些事物現在存在，因爲我能意識到自己，知道我在思想、在觀察、在疑惑。這不可能是從無而生出，因此我確知，宇宙間有一個能思想的生命存在。由此推出以下二點不可否認的結論：

第一，有事物是永恆存在的。若非有事物始終存在——有永恆生命，即是曾有某時候是一切皆不存在的——那麼任何事物皆不可能曾經存在了。有一條最最確定的原則：「無」不能造出任何事物，一切曾產生之事物必是有由來的。因此，如果曾有一切皆不存在的時候，任何事物皆不可能產生。

第二，既已確知宇宙間有一個能思想的生命存在——亦能知曉而有理解力，則顯然可知，曾有能知曉能理解的永恆生命存在。因爲，「無」既不可能造出任何事物，不能知的存在體更不可能造出能知的存在體。如果曾有某時期是沒有這能知的存在體存在的，也就不可能有存在之始，因爲欠缺造它的因。所以，這能知的存在生命必是永恆的。

同理，上帝之完美可由此推論。我們既知世上有能、有智慧、有善，便可推斷這些必是從同類的永恆源頭而來。如果曾有某時期是這些特質都不存在的，它們便無從開始存在，因爲欠缺造它們的因。所以，這永恆存在之生命必是最英明、最善、全能的，是世上這些美好特質的初因。因爲，本身不具備的條件，無從賦予他人。所以，一切事物的永恆初因必定包含世上可能存在的一切完美。

上帝之存在既已確立，我進而要證明祂是宇宙的統治者，以祂的智慧旨意安排主宰一切。以下分三點討論：

第一，自然界的一切都有目的，這一切事物各按適合方法去達成各自的目標。然而，設計目標、實行目標、選定達成目標的適當方法，這些作爲都是需要思想、智慧、深謀遠慮的，而無生命之物是不可能有這些行爲的。因此，一切無生命的被造物，必然受著某種明智監督的指示導引，才可能循著其本身茫然不知的適當方法，去達成其本身茫然不知的目標。

第二，吾人已知，自然界一切事物是相互依屬的，並且是適用於各種特定用途與目的的，這必是出於統治一切的英明治理者的設計。

因此，樹木花草供給動物食物，而植物和動物又對人類有用：如供給食物、藥劑等等生活必需之物。人類本身亦是奇妙的構造，身體的各部分別有不同的功用，各部又爲整體的利益而彼此相輔。這可以用實例來證明。我們雖看不見一位凌駕一切之上的英明造物主，卻看見祂存在的論證；如，空氣供我們呼吸，甚至幾分鐘沒有空氣，呼吸便要中止。土地以穀類供給我們食用，以樹木供給生火的用料，承受我們的住屋，供給我們建屋的材料。海洋使我們的船隻和貨品可以運輸到最遠的角落，將世界各地的產物帶回我們的港口。太陽不是爲它自己發光，似乎是特意爲了供給地上人們所需的光，而且其位置如此合宜，運行如此持續而規則，正適合以光熱滋潤地上萬物，並使瓜果成熟。以上所述以及成千上萬其他實例都證明，被造物都是那麼恰合一定的用途與目的，顯而易見，自然界的安排不可能是出自盲目的偶然與必需，必定是一位全智造物主統治主設計的。

第三，我們可以從兩方面進一步確立這項論點的眞實性：⑴所有民族一致同意，宇宙間有一位創造並統治世界的至上神。⑵人有良知。人若犯下惡行，即便是不懼怕人爲的懲罰，或是私下犯罪而根本不可能爲他人所知，卻會受良心的譴責折磨。良知的判決證明，人類逃不了一位超越的、無形的審判者的審判。

我用以下的省思作一個總結：就以上所言，雖然人似乎並非天生即有對上帝的概念，卻被賦予了理性思考的智能。人用這種智能，可以從普遍共通的認知自然而然推論出上帝的存在。這是可以不藉啓示之助而做到的，而接受啓示的先決條件，即是相信上帝之存在。

二 上帝屬性之概論

吾人雖然設想神的本質是唯一無二的，是包含一切可能存在之完美的。但是，上帝的屬性卻可按其對不同客體之作用而有各別不同的名稱。並不是因爲上帝本身眞的有多元性，而是因爲人類設想上帝的方式所知。原因在於，人類的理解力有局限，無從以一個觀念理解上帝完美之全部，故不得不分別按其對不同事物之作用而逐一解釋。所以，上帝的屬性並沒有分別，而是吾人對其不同作用的理解方式不同。

逐一細述神聖屬性之前，我們必須先明瞭，這些屬性與其作用之結果應分別討論說明。因此，公正與懲罰不可混淆，善與賜福不可混淆，正如因與果是不可混淆的。

在此前提之下，我們可將神聖屬性分爲兩類：上帝若只是神，就具有精神性與永恆性；若是一位活的神，便具有理解思維與意願。上帝之意願的屬性又分爲兩類，一類是感情，即吾人自己可感知的愛、恨、怒、慾、喜、悲等等。另一類是德行，如公正、善、忍耐、嚴格等等，另外也包括祂的一切屬性導致的結果，即榮耀與幸福。

三　上帝屬性之詳論

以上帝只是一位神而論，其第一個屬性是祂的單一性。上帝事實上只有一位，本身沒有分割，而與一切其他事物有別。因爲神性不可能增加成爲多位，如人之可繁殖增至多數，所以眞神只有一位，除祂之外並無其他。

就上帝是神而論的第二個屬性，是上帝的精神性。上帝是靈，是最純淨而非物質的存在，其最實質的行爲是思維謀劃；祂不但是無形體的，也是一切精神之最純淨最原始的。

這一類之中的第三個屬性是永恆，此無他，即是無始無終的恆在。而我們說上帝是永恆，是最始最終，還包含了上帝恆久不變的觀念，相信祂是不可改變的。

第四個屬性是上帝的無限浩瀚，祂之充塞於一切空間。我們說上帝無限大，表示沒有任何一個地方足堪容納祂，祂是無所不在的。以上四者爲第一類屬性。

第二類屬性是就上帝爲活的神而論的。首先要談的即是上帝的生命，即其一切屬性與作用力之基礎。若無生命便不能存在，也不能有思維判斷，不能有喜悅幸福。如此一來，便與我們已形成的上帝概念相抵觸了。

第二個屬性是理解力，這可分爲知與智。上帝知的客體即是一切可知之事物，一切存在、曾存在、將存在之事物，一切可能與不可能之事物。因此，我們說上帝是全知的，即是肯定(1)上帝自知，知道祂自己的無限完美；(2)上帝知自身的一切、發自祂的一切，在祂之外的一切。祂自身的一切，如祂的神聖旨意；發自祂的，如祂的外在行爲與創造、保守等；在祂之外的，如人類的罪惡等。

上帝的智即是祂的完美，祂憑著智慧預見並指引適於達致目標的方法。包括從屬目標，如祂以唯一愛子道成肉身完成人類之救贖；以及終極目標，如令一切事物爲顯祂的榮耀而存在。

第三個屬性是上帝的意願。這可指意念，或指依意志驅使而完成的智慧、公正、至善的行爲。這都是上帝的旨意，憑此祂自己決定要完成某些目標，並且以最能榮耀他的方式完成。上帝的旨意有絕對的，如天地萬物之創造與派下祂的兒子；也有條件性的，如令人類以信心與懺悔爲得救之條件。

我們可設想神意的兩類屬性。第一類是按吾人自己感知的情緒設想；第二類是主宰情感的德行。

上帝的愛是祂對於善感到喜悅的情感，祂任愛流露而喜悅，祂的恩典便從此而生。這愛包含了上帝的恩典，慈悲，以及其他等。

恨是與愛相反的情感，是上帝厭惡一切惡之情感表現。

憤怒與恨近似。人的憤怒，是阻擋任何惡侵凌自己的一種情感，上帝的憤怒卻代表祂要處罰爲惡的目的。

上帝的公正完全與祂的神聖性相呼應。因著公正，祂永遠意願並執行著善、神聖、公義、正直，這便是普在的公正。祂行的個別公正，則是給每一個人其所應得的，獎賞善行，懲罰惡行，使人類受自然法則之治。

這公正也受著溫和與忍耐的約束，上帝的這些完美使祂不致輕易因人犯罪而憤怒。

上帝的全能使上帝行的事不會含有矛盾，這能力乃是不可抗拒的。上帝的榮耀是神性的最卓越境界，上帝因此而無限優於祂所造之物。上帝的幸福是祂一切神聖完美之結晶，這是令祂不得不自滿的，也因這滿足感而更有無限幸福。

就以上論點可以歸出結論：上帝是最原始的神，祂的屬性並無彼此之別，祂的行爲不是發自某個單一屬性，而是發自祂所有屬性的和諧融會。

四 上帝創造萬物之目的

前文已確立上帝之存在，並證明上帝是萬物之主宰。此一明顯不爭之事實的進一步探討，必須論及上帝決意創造與其無限完美相稱之天地萬物的目的何在。吾人既知，上帝的榮耀是祂至佳本質的後果，我們便不能想像，祂會爲了祂的榮耀以外的目的來創造這世界。我認爲這一點是和正午的太陽一般明白的。

假使一切被造物都是爲榮耀上帝而造，每一個被造物必應按被造之固有條件來榮耀上帝。所以我們說，天國宣示上帝之榮耀，因爲我們藉天國而認識上帝。而人類是一切有形被造物之中最美好的，被賦予了最優的智能，因此應當比所有被造物更能榮耀上帝，因爲人類更具備有完成此目標的條件。

無生命的被造物，只能默默地讚美它們的造物主，人類卻有責任要高聲讚美，要宣告上帝的大能、智慧、至善——這一切都明白呈現在一切被造物中。人類蒙上帝賜予智能的偉大目標即在此。因此故，他有眼可看見，有頭腦可理解上帝的美妙事工；因此他被賜予應當讚美至佳至豐造物主的口與舌。

不論述及人類被造的目的，或論及人類得上帝所賜的種種福恩，人不可能不知道，自己必須以某種方式崇拜事奉上帝。人人皆承認，不但應當銘記施恩賜福者，而且應對於所獲的恩福回報相當的衷心感激。

五 論上帝啓示之必要

首先，上帝的恩寵既是無比豐厚而寶貴，任何人回報的崇拜事奉都不堪與之比擬。

第二，上帝既是最完美最初始的神，便應當受到最完美初始的崇拜。然而，如果崇拜方式交由人類自決，以人類現有的墮落混濁狀態，不可能共商一個崇拜上帝的正確方法。況且，人類因氣質、才能、教育等等不同，其理智思考也有無數多樣性。人性之墮落與每下愈況——這是我們從慘痛經驗得知的，使他們既不能辨識什麼是崇拜上帝的正確方法，也不能做到使上帝滿意的事奉。

此外，假設人類能夠共同議定一個崇拜形式，並保持其完好而無缺失，仍不免懷疑這是否上帝滿意的崇拜方式。人類不論獻上禮物或祭品，這一切原本是造物之主所有的。甚至獻上靈魂與身體，也不過是回報上帝慷慨的賜予罷了。因此人類永不能確知自己所做的事、所獻的物是否合上帝之意。

蘇格拉底曾在臨終時說過：我畢生努力想做到使我自己受神接納，但我始終不確知是否已做到合乎神意。這是里吉斯（Regis）在《哲學討論》（*Discourse of Philosophy*）中記述的。

由此我們可以結論，人類生性對上帝的認知錯誤，悖離正確崇拜上帝的方式太遠，太過沉迷於感官事物與逸樂，所以絕對需要上帝的啓示，才能夠教導人類認識眞正的上帝與神旨，特別是有關恰當事奉上帝之方法的神意。因此故，無限善而仁慈的上帝，因憐憫人類天生的盲目，願意以祂無限的善來啓示人類知道祂的旨意，使人類知道應以什麼方式崇拜祂。

這啓示一旦成就了，所有接受啓示的人——若期望得救而免受永世折磨——都要受其束縛，應依此服從上帝之命，遵循祂指示的神聖崇拜方式。這樣遵循的崇拜形式，亦即一般所說的宗教信仰。

未進一步探討宗教信仰之前，應當先行說明，因爲人類頑固而遲遲不肯相信神啓的眞理，若有人質疑上帝的啓示，而且指傳達啓示的人是騙子，就必須藉助於某些證據，以便說服人們相信確爲上帝所言。因此我們會發現，基督教信仰奠立之初，曾藉神蹟與超自然現象來證實。又因爲狡詐伶俐之人會利用特殊技倆，做出一些看似神蹟而實非神蹟的事，後文將說明辨別眞正神蹟與假冒者的方法。

六　泛論宗教信仰

由於上帝是最完美的，祂必不可能做自相矛盾的事，如設立兩個相反的宗教信仰，使受崇拜的對象彼此不一。因此，當我們看見世間有諸多不同的宗教，彼此互相抵觸，又互相指謫，我們便可斷定，其中只有一個是正確的宗教信仰，是神授意而建立的，其餘都是人類造出來的騙局和贗品。所以我們應當知道該用什麼方法，來分辨正確的宗教信仰與假造的宗教。

方法可分兩方面來講，一是證據，一是目的。前文曾說過，眞宗教的重要證據是爲了確證而行的神蹟，而我們必須懂得分辨眞神蹟與僞造的技倆。眞神蹟必備的主要條件有三：

第一，行神蹟的人應預先知道自己要行神蹟，明白自己打算要行神蹟。

第二，必須確定某一神蹟或現象是確有其事，其結果是吾人感官明顯可知覺的。

第三，此事是超越自然因素一切力量的，可分爲兩種方式：⑴由於遠遠超越一切自然力，所以明顯不可能是自然力促成的，如使死者復活。⑵事情本身雖未超越自然因素的力量，其發生方式卻明顯是超自然的，如以言語治癒疾病而不用任何藥劑。

就正確宗教的目的而言，應當以上帝之榮耀、大衆公益、每一個人的利益爲重。這便足以作爲分辨眞宗教與假宗教的依據了。因爲，就神蹟而論，上帝不會用祂的全能來肯定謊言，爲騙子作證。就宗教的目的而論，凡是僞詐者造出來的宗教，其教義與規條必有荒謬不通之處，其中必含有違背神性，違反人類福祉之處。

所以，我們若發現某宗教具有上述的證據和目的，便可確認其爲上帝啓示的宗教。如果證據與目的都不符合，就必須認定其爲假，而且應受所有人唾棄。

七 論基督教信仰與神蹟證據

若要將世間現有宗教逐一列述，是既沒完沒了又無意義的。不如只選其中以正當原則與確實基礎奠定的宗教來探討。所以我只舉出基督教信仰，因爲我覺得它優於其他宗教，並且將進一步證明，它以最明白堅固的證據爲信仰基礎，這些證據合乎任何有理性人士在這方面的要求。

我希望，基督教徒讀者看了以下論述，可將自己的信仰與世人所奉的其他信仰比較一番，並且作一判斷。他必會發覺基督教因爲教義之合理與明確、律法之神聖與正當，而優於所有其他宗教。讀者若是猶太教徒、伊斯蘭教徒，或其他外教信徒，我希望他肯花功夫，以不偏袒的態度比較自己的信仰與基督教，我相信他會立即看出，從教義之證據與法規之正當而言，優勢是在哪一邊。

基督行的神蹟之多與大，是摩西遙不可及的，；穆罕默德則從來無意藉行神蹟來證實其宗教信仰，只用劍做爲傳教工具。至於其他外教，他們聲稱能行的怪異事蹟，若非荒謬不可信，便是其祭司群的欺詐技倆，是經不起考驗的。後文將再論。在此要探討基督行的神蹟，並證明其具備眞神蹟的一切特徵，當初在猶大（Judaea）一地確實是爲了確立基督的信仰而行。

基督的神蹟具備了前文所述眞神蹟必備的所有三個條件：

第一，基督行神蹟之前便知道自己要行神蹟，並且自由決定要在哪些地點做，不要在哪些地點做，這都由福音作者記載於基督的生平之中。

第二，基督行神蹟不是私下在隱密處做，而是公開地，在太陽下，當著廣大群衆而行。群衆其中各類人都有，包括友善者與懷敵意的人。神蹟的奇妙結果爲所有在場者的感官所知覺，因此基督行神蹟的事實不但爲基督教徒所承認，也記載於猶太教徒的《塔木德經》（*Talmud*），穆罕默德的《古蘭經》，以及許多異教徒的著作，後文將論及。

第三，基督行神蹟是超越一切自然力的；如使死者復生，令盲者看見，使聾者聽見，使患病的痊癒，都不曾使用任何一般治療這種人所用的藥劑或自然手段。因此這一切成果必定來自某種只能歸因於上帝的超自然力量。

以上證據可說已經足夠，但爲使所有人更堅信基督神蹟突顯的超自然能力，我將補充以下諸論點：

第一，其數量多不可數，所以無法逐一列舉。基督走遍猶大的各個城鎮鄉村，隨處治病驅魔。記述他生平的人士指出，除了福音所載的之外，基督尙行有許多別的神蹟。

第二，神蹟普遍及於一切被造之物，基督之所行的奇妙結果顯示，一切被造物都在他的統治之下。如魔鬼，被他從附魔者身上驅走；如風與海，暴風雨因他的命令而緩和平息；如魚與餅，被他從極少幾枚變成足以餵飽五千人；如豬群，基督令鬼進入，而使整群豬闖下山崖投入海中淹死；如無花果樹，因基督一句話而乾枯；如水變成酒；如各種疾病之被治癒；以及死亡，因基督可令死者復生。

第三，基督神蹟的結果不是暫時的，而是持久的。如死者復生後繼續活著；盲者復明後一直能看見；大痲瘋患者潔淨後保持潔淨。這一切都是當著衆人面前做的，讓人們看見神蹟成就的奇妙之事。

第四，基督行的所有神蹟（僅兩則除外），都是表現仁慈與善意的神蹟；如治癒疾病、使死者復生等等。我所說的兩則例外乃是使鬼入豬群與咒咀無花果樹，二者都可以證明他對植物與動物的絕對主宰。

第五，基督的所有神蹟，包括必須用最大氣力做到的奇蹟，都是憑一句話完成的。如拉撒路已在墳墓裡三天了，基督只說了一句：「拉撒路出來。」拉撒路便出來，身上還包著壽衣。如管會堂者的女兒，基督只是拉著她的手，說：「女兒，起來吧。」她的靈魂便回來，她立刻起來，復活了。

他對一切自然因素有著莫大的神聖統御力，即便最嚴重的疾病，他只憑一句話，甚至不必見著病者，便可治癒。他治好大臣之子便是如此，這兒子本來快要死了，基督只是對大臣說：「你的兒子活了。」他的病就好了。如治百夫長的僕人時，基督只說：「照你的信心，給你成全了。」又如，患血漏的女人在人群中摸著基督的衣裳繸子，病就好了，只因爲她相信基督發散出靈光。

這些神蹟都是不借助任何方法而成就的。即便借助了他物的，也是極不可能達致企求結果的。如他治好一個生來瞎眼的人，是吐唾沫在地上，用唾沫和了泥，抹在瞎者的眼睛上，再叫他往西羅亞池子裡去洗。

第六，基督不但自己有這種行神蹟的力量，還令使徒得著聖靈能力，憑著基督的名而成就了奇妙現象。因此，聖彼得爲癱子治病，憑基督之名令他站起來走。這樁神蹟在耶路撒冷無人不知，即便仇視使徒們的猶太統治者也不能否認。使徒們甚至能令死者復活，如聖彼得令死去的女徒大比大復活，聖保羅令猶推古復活。有人從聖保羅身上拿手巾或圍裙放在病人身上，病也可以退了。在耶路撒冷各地，病人或被污鬼纏磨的人，因聖彼得走過時影子投在他們身上，便可得著醫治。這些我們都可從《使徒行傳》中讀到。

這證實基督的神聖力量讓使徒得著行神蹟的能力。而且他的神聖預知力，使他能預言這些必需有全能才可成就的奇妙事蹟。因爲他令相信他的人胸有成竹，才能做出比他所行的更大神蹟。而兩種神力都是基督所獨有的，憑此他便超越世間所有其他宗教的始創者之上，那些始創者從不能令門徒有行神蹟之力，也從不能預言要成就神蹟。

第七，使徒們受基督之命到各地傳播福音後，不止在耶路撒冷和猶大行了神蹟。在撒瑪利亞、腓尼基、塞浦路斯、安提阿、以弗所，以及使徒們爲傳播基督信仰走遍的許多國家的城市，上帝藉使徒之手成就奇妙之事，以證實上帝恩賜的福音。這些都載於《使徒行傳》。聖保羅確實曾說，從耶路撒冷到以利哩古，他都藉偉大神妙之事傳播了福音。

使徒們的傳道與神蹟是那麼遠近馳名，他們的聲音確已傳遍世界，他們說的話也及於世界的每個角落。除了猶太人，連外邦人、羅馬人、哥林多人，以及一些最著名國度的人，因著使徒們的傳道與神蹟，都接受了基督教信仰。他們都可作見證，因看見使徒們行的偉大事工，而確信他們講的道理是來自上帝。這些證據不但是公開爲人們所知，而且是無人不知的。

第八，上述神蹟並不僅限於使徒的時代，而是持續在基督教的最初三百年中發生。艾利涅亞斯（Irenaeus, 140-202）、奧利金（Origen, 185-254）、特圖里安（Tertullian, 160-220），以及其他初期基督教徒的著作都有記載。他們記述的發生於第二、三世紀的神蹟事例多不勝數，並且訴諸當時的異教徒來證明這些事的眞實性。

第四世紀續有神蹟發生，優西比烏斯（Eusebius, 260-340）、西里爾（Cyril, 315-387）便是目睹證人；這些事蹟也都記載於後世人的著述中，讀者可自行求證。這個時代的一些神蹟，不僅有基督教徒的見證，異教徒也予以證實。如羅馬皇帝馬可斯・奧勒利烏斯（Marcus Aurelius, 121-180）曾於致元老院公開函中證明，在對馬克曼尼族（Marcomanni）一役中，因神蹟之故，苦渴的基督教徒士兵藉祈禱獲得甘霖，野蠻人的陣中卻遭到冰雹與雷擊。這件事似乎已是衆所周知的，以致詩人克勞底安（Claudian, 370-404）在他的作品中也提及：

Chaldæa mago seu carmina ritu
Armavère Deos, seu quod reor omne Tonantis
Obsequium Marci mores potuere mereri.

（若非詩句飽含魔法儀式，
諸神因而壯盛；即是
民情習尚，偉哉馬可斯所當頂禮。）

又如狄奧多西一世（Theodosius, 346-395）鎮壓優吉尼亞斯（Eugenius）與阿爾貝嘉蒂斯（Arbegastes）叛變的奇蹟，克勞底安也述及：

O nimium dilecte Deo, cui fundit ab antris
Æolus armatas hyemes, & militat æther,
Et conjurati veniunt in classica venti.

（天神的鍾愛，風神艾奧路斯
從洞穴賜予嚴峻的長冬；蒼天如戰將，
而陰謀者迎風披靡。）

波菲里（Porphyrie, 232-304）坦承，基督教殉道者的墓地有神妙的咒語。優西比烏斯在《巴勒斯坦殉道者》中指出，耶穌受信徒崇拜以後，異教的神祇便不再能幫助人們了。而阿波羅在其神諭中宣布，某些公義的人——即指基督教徒——阻礙了他的預言能力（見優西比烏斯《君士坦丁傳》）。特爾斐（Delphos）的神諭承認他喪失回應力，因爲殉道者的骨骸埋在附近，此事蹟載於克里索斯登（Chrysostom, 354-407）的著述。

總而言之，在基督教初期，異教神諭啞然失靈的事，已廣爲人知而受到注意，以致普魯塔克（Plutarch, 46-120）撰述了一部書，討論神諭中止的原因。由此可見，行神蹟的能力，在基督教的最初四百年中一直持續，因而使神啓的證據更加強固，生於那個漫長時代的大量目擊者，皆可證明。

我的結論要提醒讀者注意，這個論點的要素有三：⑴這些事工如果眞的曾經做成，它們乃是確切無誤的神蹟，是唯有靠上帝的全能才可成就的。⑵記述這些神蹟的人，確實證明它們是基督與使徒以及其他信徒成就的。⑶這些偉大事工是爲了確立基督教信徒而行的。

要素之一：被指爲是基督與使徒們所行的奇妙事工，是眞有其事，是唯有上帝全能才可成就的眞神蹟。其理由包括：

第一，人類最巧妙的詭計和技倆，變戲法者的任何欺矇手法，都不可做成這些事工。只憑口中一句話治癒各種疾病，或令死者復生，乃人類再精湛的能力和技術亦做不到的，人類若不使用恰當的藥物就不能治病，更不能令葬入墳墓三天的死屍走出來，而且重得生命與靈魂。這些事明顯是人類固有的能力不可能做到的事，宣稱能夠做到的人都是荒誕無稽的，所以不必多辯。

專門僞裝奇能異術行騙的人，雖然能趁人不注意暗中使手法而矇混，也不可能做到這些事。因爲神蹟是不可能暗使手法僞裝的。如令入墓三天的拉撒路復活，並且是當著明知他已死去的衆人面前，而拉撒路也眞的活過來。這種事若是騙局，竟能屢屢發生，而且歷久不衰，相關的人與旁觀的猶太人和異教徒不曾揭穿，尤其重要的是製造騙局的人並無實利可圖，這是根本說不通的。更何況，製造這種騙局的人若失敗了，可能遭囚禁或處死，在場旁觀者不乏有學識的人和聰敏的人——而且是信奉別的宗教者，有能力也有意願揭穿騙局——如果眞是騙局，卻不曾予以揭穿。由此可以確定，被稱爲神蹟的事工並非騙子的技倆。

第二，既知這些奇妙事工不可能是人的詭計所爲，則它們若非被造的靈魂所爲，便是上帝的全能成就。它們不是任何被造的靈魂的力量促成，理由應從它們究竟是善良天使或邪惡妖魔所爲來看。

如果是善良天使做的，則是爲了證實基督的啓示，也就無異於基督本身的能力促成的了。因爲天使乃是天國的職工，本來就是要執行上帝意旨，謀求人類福祉的。假如說天使大力促成，竟爲了要以假的教理欺騙世人，以至於說服千萬傳道人與信教者承受苦楚與世間最難忍的死亡，卻不能指望以現世的苦難換取來世的報償，這就全然不合乎我們所知的天使概念了。這種惡劣的欺騙行爲，只有惡毒的妖魔做得出來。而不信上帝的人正是以此爲最後一道防線，他們不信基督的啓示，指他的奇妙事工是惡魔的力量所爲，而指基督與惡魔是共謀。基督時代的猶太人亦復如此，如法利賽人聽說基督治癒了一個惡魔附身的盲啞者，就說：「這個人趕鬼無非是靠著鬼王別西卜阿。」（《馬太福音》十二：廿四）指基督是與惡魔共謀的。基督便用以下的有力言詞辯明：「凡一國自相紛爭，必站立不住。若撒旦趕逐撒旦，就是自相紛爭，他的國怎能站得住呢？」

此話的意思是說，那與魔鬼和不潔惡魔爲敵的人，將附於人身上的惡魔趕出去的人，不可能是與惡魔串通共謀的，卻必是反對惡魔及其計謀的。因爲魔鬼不可能與別人合作來羞辱自己、破壞自己的計謀，打擊他自己的國。而基督很明顯是在到處行善，救治那些被魔鬼折磨的人。

魔鬼是萬惡之靈，他以折磨侵害人類爲樂，支配被他附體的人，讓人害病，以使人們順從他，維持住他在世上的國。反觀基督：

第一，他把魔鬼從被附體的人身上趕走，治癒了魔鬼降在人身上的疾病，消除了魔鬼對人類的支配，揭穿了魔鬼戕害人類的詭計，這一切不可能是與魔鬼合作完成的，必定是與魔鬼爲敵的人成就的。

第二，救世主說，趕鬼的力量必不僅是與魔鬼爲敵者，而是超越魔鬼的大能。《馬太福音》第十二章裡說：「人怎能進壯士家裡搶奪他的家具呢？除非先捆住那壯士，才可以搶奪他的家財。」魔鬼悄悄附上人的身體，便會一直纏附著，直到他被迫離開。而除非是比魔鬼更強的力量制服了魔鬼，他是不會受迫離開的。

第三，基督行的神蹟，絕大多數是對人類慈悲與善的神蹟，如餵飽飢餓的人，治癒病殘的人，使死者復生。因此全都是與魔鬼的意圖及脾性恰相反的。魔鬼不計手段要達到折磨人類毀滅人類的目的，這可從奉拜偶教的國家之作爲看出來：魔鬼要求他們，每年獻祭數以千計的兒童，以滿足他的殘酷慾望，因此魔鬼不可能幫助基督因慈悲善意而行的神蹟，這些神蹟乃與魔鬼之惡毒殘酷恰相反。

第四，基督的神蹟是爲了確立他傳的道而成就，而基督的道意在傾覆魔鬼的國。「上帝的兒子顯現出來，爲要除滅魔鬼的作爲。」（《約翰一書》三：八）他做到了使人們離開拜偶像的習俗，而崇拜唯一眞正的上帝，離開外邦人放任無度的貪慾，而進入最純淨聖潔的生活。

因爲魔鬼的狡計是要引人心離開眞神，使人不再依靠上帝，誘使人們相信偶像而依附魔鬼等邪惡之靈。人若將只應榮耀上帝的崇拜轉向魔鬼，魔鬼便可徹底支配人類的靈魂。他誘人的肉體投向邪惡慾念，從而使人的心與上帝疏遠，成爲接納汚穢妖魔的處所。魔鬼的國便是如此形成的。

然而，靠著傳基督的道，這黑暗的國傾覆了，魔鬼的祭壇荒蕪了，他的殿毀壞了，各處的人都被教導在靈與眞實裡面崇拜眞正上帝，唾棄某些外邦人宗教所包含的那些淫穢的儀式。既然基督傳的道使人類從黑暗轉向光明，他的那些奇妙事工就不可能是惡魔的力量促成的。他的神蹟確立了與魔鬼意圖恰相反的道理，傾覆了黑暗的國。我認爲，這足以證實基督教的神蹟並不是如法利賽人所說，是魔鬼的力量促成的。

由於猶太教徒和異教徒曾以同樣的口實，來抨擊基督與使徒們，以及最先四個世紀的信徒所行的神蹟，指其爲魔法、埃及詐術、妖術、咒語；由於據稱爲基督徒所行的任何神蹟，都遭到這種口實的指控(不論何種法術，都不免意味與惡魔暗中勾結，或並非人力所不能爲)；我現就幾個要點，概論所有據稱是爲證明基督教義眞理而行的神蹟。

第一，基督與使徒們行的神蹟太多、太偉大、太公開普遍、太無所不在，行神蹟的能力在基督教會中持續太久，根本就不可能是靠法術或惡魔做成的。因爲，任誰也不能相信，四百年中發生的這麼多偉大事工，是惡魔爲了證實基督教信仰而做的，而惡魔卻不曾爲確立世上任何其他宗教這麼做。是爲什麼理由，惡魔重視傳播基督教信仰甚於所有其他宗教？他去促進異教信仰的拜偶行爲與污穢、淫亂、野蠻、殘酷的儀式，難道不如促進基督教的崇拜唯一眞上帝與純潔、溫順，更有利於他的黑暗之國嗎？

不錯，異教祭司亦有所謂證實其宗教信仰的神蹟，其眞僞在此暫不詳論。但就我所知，他們從未妄稱在那麼多國度，那麼公開地行過那麼多而偉大的神蹟——如基督與使徒們所爲，也不曾妄稱他們能將行神蹟的能力傳予門徒，而且如基督教所稱那樣，連續傳給幾代後人。依我看來，假使這些神蹟是惡魔的力量促成的，何以基督教在這方面的證據遠遠多於所有其他宗教？這是難以解釋的。

若說基督是在埃及學會了魔法，再教給他的門徒，使他們也能行神蹟——猶太人和異教徒如是指稱，那麼其他曾去過埃及的人爲什麼沒學會這些魔法，並且教給別人呢？而且，以魔法著稱的埃及人，既然教基督行偉大神蹟的法子，他們自己爲什麼做不出同樣多而偉大的神蹟呢？

既然世人迄今既未見過這些人行神蹟，也未見過誰跟他們學會行偉大事工的技巧，我們大可推斷，這種指稱是無根據而不可信的猜測。況且，假使基督曾教門徒魔法技倆，使徒們一定會認爲他是騙子。誰會相信，任何神智清楚的人，會甘願爲了卑鄙的假冒者而擔負犧牲生命財產之險？使徒們何不揭發這騙子以自救呢？

第二，有些被認定爲基督與使徒所行的神蹟，顯然是超乎惡魔能力的。但假設惡魔能夠促成這些神蹟，他們卻不能不得上帝允許而做，因爲他們也受著這位萬物的創造者與統治者的主宰。而我們無法相信上帝會允許，因爲若說上帝允許惡魔爲了謊言欺騙世人，使世人抗拒不了試探而相信，做出這麼多大神蹟，顯然違反了上帝的無限美善。

其他宗教確實也曾宣稱有過爲確立宗教而行的神蹟。但是除了不及基督教所說的多而偉大之外，總有一些可拆穿騙局的蛛絲馬跡存在。如其崇拜的神祇衆多而不是單一的上帝——這是正常理智便可求證的；如他們遵守的汚穢、淫晦、野蠻、殘酷的習俗——這根本違反吾人按常理所認知的上帝與善惡觀念。所以上帝照其行爲施行報應，任憑他們去信謊言，因爲他們知道有上帝，或是可以從上帝造的物認識上帝，他們卻「去敬拜事奉受造之物，不敬奉那造物的主」，去從事違反上帝聖潔美善的不潔殘酷儀式。所以我們可以確知，這種宗教即便有異象作證，也不可能是上帝賜予的宗教。

基督教信仰只崇拜唯一上帝，規定的都是純潔、公義、和藹的行事（後文將論及），上帝若容許惡魔，藉著那些比世上任何其他宗教所做的還多還大的神蹟，來證實這樣的宗教，每個人都會相信這是上帝所賜的宗教了——因爲這樣的宗教證據太穩固，已經沒有可揭發爲騙局的馬脚了。所以，既然以這麼強烈的試探誘人類相信謊言，根本不符合上帝之至善，我們必須推斷，上帝絕不可能容許惡魔用這麼多而大的神蹟來證實它。

除了基督自己在世上所行的神蹟之外，還有許多天降的明確見證，我在此略述以進一步證實，基督行神蹟是有上帝大能之助的。如基督誕生時爲東方三博士引路的星星；如在他受孕與出生時、在曠野受試探時、在憂愁禱告時、在復活升天時，天使都一再顯現伺候，天上有聲音說他是上帝的愛子。又如基督受洗時，施洗約翰看見天開了，上帝的靈彷佛鴿子般降下，落在他身上。如基督改變形象時，有一朵彩雲遮蓋他和門徒彼得及約翰。如他憂愁時說：「父啊，願你榮耀你的名。」天上就有聲音說：「我已經榮耀了我的名，還要再榮耀。」

基督死於十字架上時，也有類似的神蹟異象在天上和地上發生：從午正到申初，大地變成一片黑暗，殿裡的幔子從上到下裂爲兩半，地也震動，磐石崩裂，墳墓開了，已睡聖徒的身體多有起來的。到基督復活以後，他們從墳墓裡出來，進入聖城向許多人顯現。這些異象令百夫長和羅馬兵驚異，他們不得不承認，這確實是上帝之子，這確實是一位義人。

這一切神蹟都是證據，證實基督是上帝派來，是天國最喜悅的。人類的能力和技巧，絕不能假造這種來自天上的異象，惡魔既不可能做到，也不會用這麼多榮耀來爲他見證。

根據上述二點可知，基督和使徒們所行的神蹟，以及崇高無形力量爲證明基督而成就的神蹟，是太多、太偉大、太廣及於天地間的一切被造物，故除了自然萬物共同的絕對主宰之外，沒有任何人有此能力做到。因此，它們是超出惡魔的能力範圍的，是只有創造統治一切的全能上帝才可能成就的。

以上已證實第一要素：吾人相信基督曾行的神蹟，具備眞神蹟的一切條件，且是唯有全能上帝之力能夠成就的。下一步要證實的是第二要素：基督確實曾經成就這些神蹟。可分爲四點探討：

第一，救世主的神蹟，不像「聖餐變體論」或羅馬教會所說的其他神蹟，基督神蹟不是只可訴諸信心的事，而是明明白白訴諸吾人感官的事，是在場的每個人都能看見的。這些神蹟並不是在隱密角落或某個特定秘密地點成就的，而是公開於大庭廣衆之前的。因此這些呈現上帝全能的作爲，絕不可說是詭密的圈套騙局。

第二，自使徒時代以降，基督神蹟的史實便持續記載，其內容始終如一，從未有過，也不可能有相互矛盾之處。

第三，這些神蹟不僅爲基督教徒所承認，也爲其宿仇死敵承認。如猶太人，在其《塔木德經》中除了記述基督的其他事實，也述及基督的神蹟。伊斯蘭教徒在其《古蘭經》中記載了基督的一些神蹟，而且伊斯蘭教徒普遍相信基督死後復活，認爲他是一位偉大的先知，對他十分尊崇。此外，猶太教、伊斯蘭教，以及拜多神之異教的許多著述者，都經常在其作品中提及基督的神蹟。這種情形，整個基督教界都比我知道得還淸楚，我也就不必多此一舉而逐一引述了。

第四，假設我們沒有這些與基督教敵對者的見證，使徒們與福音著述者的見證亦已足夠

(後文將詳述)。因爲，他們公開稱述基督神蹟，並不會給他們帶來實質利益，反而激怒了世俗的權威，使他們用自己的血來證實所傳的道。這實在足以證明，基督生平史實中的神蹟的確是基督所爲。

要素之三，救世主爲確立其宗教而行神蹟，可以從耶穌對施洗約翰差來的門徒說的話看出。門徒問他是不是「那將要來的人」，他回答說：「你們去把所看見所聽見的事告訴約翰。」他又告訴不信的猶太人：「你們不信，我奉我父之名所行的事可以爲我作見證。」聖經中另有許多章節指出，基督行神蹟的主要目的是確證他傳的道。

八　論基督教之宗旨

前文已述明，眞宗教必須具有以下目的：⑴以榮耀上帝爲首要宗旨；⑵謀求全人類的幸福；⑶顧及每一個人的福祉。爲便於理解，我們要將基督教信仰分爲兩方面來探討，一爲信條，即基督徒應信之事；二爲行爲規條，即教徒應履行的法規。如果兩方面都證明具有前述的目的，便可穩妥無疑地斷定它是眞宗教。我無意逐一重述所有宗教的義理，只從宗旨上來證實基督教的優越，因其爲他教所望塵莫及的。

第一，就信條而論，確實只有極少的民族不相信有一位至上之神，但就算信者，對於這位神的理解卻是大錯而特錯。有些人把神說成幾乎具有人性的一切衝動，從而產生無比荒誕而有害的教理，使得有常識而執不同想法的人覺得不堪入耳。基督教不但相信上帝存在，而且相信，祂具有人類可能理解的最完美屬性。

其他宗教崇拜多神，基督教教導人只崇拜單一的這位上帝；有些宗教把神說成物質實體，基督教認爲祂是奧秘不可盡知的靈。有些宗教不信神是全知全能，或太過強調神的高高在上，認爲神無暇理會不值得他顧慮的塵世瑣事；基督教卻教導我們，上帝旨意是無所不在的，而且祂對於一切被祂所造之物都悉心愛護。總之，上帝的至善、仁慈、耐心、公正、全能、智慧、神聖，盡由創立基督教的耶穌明確證實。

不信神有全知全能的人多麼悲慘啊！他們是沒有信心沒有希望的人，他們在折磨中呻吟，卻不敢求神拯救解脫！他們是不是在痛苦掙扎中？他們怎能有信心呢？我們卻知道，上帝是萬物的創造者、保守者、統治者；我們知道祂看著我們的一切行爲，令我們記著自己的本分；我們確知祂賜給我們地上的糧食、成果、榮譽、生命、健康、子女，以及一切其他福佑；所以祂的賜福我們必須感恩。我們相信祂命令了一切，疾病、死亡、煩惱、困厄都是祂所降下；這使我們明白上帝的慈悲，因祂降下懲罰，教我們悔罪而恢復恭順服從。

其他宗教雖要求人們承認本性意志不堅，承認他們每天犯的過錯，以及傾向爲惡之心；但是卻只教他們獻上牲畜和人命，求神息怒，並未教他們補救之道。讚美上帝，我們不是這樣。我們曉得自己有罪，但我們相信，只要懺悔，無限仁慈的上帝便會因祂的愛子耶穌基督之故而寬恕我們。爲我們的罪而死的基督，復活後升入天國，成爲我們與天父之間的中保、調解者、代祈者。這是人類能期盼的最大慰藉；別的教徒要用無數祭品與無限繁複儀式去安撫他們的神，基督教徒卻可全心依賴上帝的無限仁慈，憑著不斷祈禱讚美上帝，而得享完全的寧靜與自由。

然而，上帝的恩賜不僅於此。祂不但派祂的愛子來抵償我們的罪，也使基督成爲我們的先知與導師，在猶太人的會堂中公開傳道，教導所有人——特別是他選定要爲他的生命與道理作證人的人——認識上帝的意旨。基督在人世的使命結束後，升入天國，上帝又派聖靈來幫助使徒，奠立基督留下來的宗教；賦予使徒以神蹟確立宗教的能力；爲促進這宗教的傳播，設置了以洗禮讓使徒與基督合一的團契，凡悔罪相信的人都可加入。末了，還留下立約的兩個印記，即教會與聖餐，以傳送祂賜的恩福。

以上這些，以及更多其他，都是上帝至善與慈悲的奇妙成就。我們每當思之，不禁要誦念出《詩篇》的話：「人算什麼，你竟顧念他。」我想這已足夠證明，基督教信仰在信條方面是以榮耀上帝、造福全人類、使每一個人幸福爲目的。

第二，就規條而論，基督教同樣是以榮耀上帝等目的爲宗旨，這些規條之優於所有其他宗教乃是無庸多辯的。猶太教儘管和我們一樣有十誡，但他們的詮釋夠嚴格嗎？而基督又是怎樣擴大十誡的範圍呢？猶太教徒認爲，只要他們不拜偶像、不瀆褻神，只要他們以不做任何工作的方式守安息日，只要他們尊敬父母，只要他們不殺人、不偷盜、不姦淫、不作僞證、不貪婪，只要他們遵守律法規定的儀式與節日、不食用某些禁止的肉類，他們就算盡到本分，上帝就該賜給應許的報償。但是，基督教徒的規條範圍卻更廣，後文將細述。

拜偶像的異教實在不應與基督教相比較，它們根本不榮耀上帝，又把應歸於造物主的榮光獻給被造物，敎導人們去膜拜偶像、太陽、月亮、星辰，甚至（出於懼怕而）膜拜魔鬼。它們敎人們用親生子女獻祭；要求崇信者以殘害自己的身體表示聖潔與美德；它們許可，甚至規定一夫多妻的淫亂與其他不潔行爲。總之，它們不但不敎人追求聖潔——「非聖潔沒有人能見主」，反而敎人行爲敗壞，讓人墮落，把克制人類衝動的美德品行當作無謂瑣碎。

我不要再拿外敎與基督敎比較下去，那會離題太遠。所以，言歸正傳，本節所餘篇幅，都要用於闡述，基督敎不僅僅是超越所有其他宗敎，而且能引導人類重生而走向聖潔，這也是人被創造的目的。我們若以基督徒的行事規條爲人生規範，就會發現，這些是有史以來最適於人性的法則，絕無違反理性之處，完全導引人性向善，仰望上帝之美善。再怎麼不能切實遵守的放蕩的人，也會認爲它們是對的。

規條首先敎導我們，要盡我們對造物主應盡的本分，相信祂、敬畏祂、愛祂甚於一切；全心信賴依靠祂，順從祂的意旨；以純淨的心崇拜祂，不要用祭品崇拜祂，因祂既不食牛之肉，也不飲羊之血。規條敎我們如何祈求祂，以至高熱忱，以理解的心和不懈的忠誠向祂懇求；爲我們自天地創造以來所領受的一切賜福而讚美榮耀祂的名。

這些應盡的本分，凡信上帝的人都必須做到，因爲它們有最崇高最穩固的理由；除了那全能的，我們又應該敬畏誰呢？除了無限的善與仁愛本身，我們該去愛誰呢？除了那能夠而甘願幫助我們的，我們又該求告誰呢？除了那無限智慧的，我們又該順從誰依靠誰呢？除了那公義正當的，我們又該遵行誰的意旨呢？：我們該用牲畜祭品獻給那永恆的靈嗎？：簡而言之，我們在人世間既然是向優於我們的人祈求，我們若得了他們的恩惠既然會表示感激；我們更應當時時向我們福祉所仰賴的上帝祈禱，並且向這位賜給我們福恩的上帝獻上讚美與感謝。因此，我們對上帝應盡的本分不但是爲了榮耀上帝，也是爲了我們自己的幸福。

我們對鄰人應盡之責，使我們在政治、社會、友情方面有了最理想的規範；因爲其目的在於使所有人受惠，使每一個人享福。這職責要求我們服從長上，即便他們冤屈或壓制我們，也不得違逆。它教我們彼此發揮最大的仁心與愛，要我們寬恕最兇惡的仇敵，爲誹謗我們磨難我們的人祈禱。它不許我們以怨報怨，反而要我們善待那些傷害我們的人。再神聖的友誼、再不偏袒的公正、再寬大的慈悲、再徹底的溫順，也不及救世主教導給我們的。眞正跟隨他的人都痛恨邪思邪行，而彼此和平融洽相處。

我們對自己應盡之責，其宗旨與前兩者一樣。它要我們在受磨難苛責時懷著最深的謙卑、最大的溫順與忍耐；要我們安於上帝安排的任何生活狀況；要維持不動搖的信心、無瑕疵的貞潔，至生命的最後一刻。它要求我們節制吃肉飲酒以及一切娛樂，要勤奮工作。它使我們的內心無比謙遜、簡樸、嚴肅、誠懇。它教我們自制刻苦、看輕俗世享樂、追求公義；要我們善用上帝所賜的才能，從事純潔、正直、受讚美的事。

它沒有不合理的要求，不會叫懂道理的人做不當的劣行。我們的一切行爲都受之調節而合度：我們應像鴿子般無邪，也要像毒蛇般聰敏；我們應當柔和謙卑，但也不可害怕為眞理而辯護；我們應當主持正義，但不可不仁慈；我們應當忍受傷害，但不可對傷害無動於衷；我們必須善待所有人，但不可驕傲或虛假。基督徒的美德盡皆適度。

若能領會以上所述之宗旨，必可明顯看出，基督教信仰的確帶領我們走向人性可能達到的最美善境界，並且企求（遠甚於所有其他宗教）崇敬榮耀上帝，謀求全人類的幸福；為每一個人的利益著想，所以它是眞宗教。

九　論應許與報償、禍事與懲罰

既已證明基督教信仰有正確宗教信仰之宗旨，其信條已臻最完美，其行事規條最適於人性；本節進一步探討，遵守的人得的是什麼應許，不遵守的人要受什麼禍事與審判。人性的墮落太深，爲惡之念太強，所以非得確信將來有報償或懲罰，否則難以使人類走上宗教信仰的端正之路。我們無法想像任何人肯熄滅他對貪愛之物的強烈慾望，假使他不能確信（因爲放棄世俗享樂）可以見著更豐富的上帝，避開永恆的痛苦。

我們不論從上帝或自己的靈魂來探討這些報償，它們都遠比任何其他宗教能給予的還要榮耀而適當。其他宗教爲鼓勵人們向善而捏造的報償，雖然頗爲誘人，卻是與神性與我們的靈魂不合的。例如靈魂轉世之說，謂靈魂投入另一個或較高貴或較低賤的身體之內；如進入愉快享樂的地方；如擁有許多女人等等，都是絕不可能合乎永恆全能神性的，也不可能宜於吾人理智的靈魂。靈魂是靈，是不可能被現世享樂滿足的。它們來自上帝，當然會想回到上帝那兒去。除了它們的創造主的無限幸福，任何享樂都不足以使它們滿足。

我們的肉體也和靈魂一樣得著這些應許。肉體跟著靈魂，爲了上帝而經歷各種試煉與磨難，能一同分享報償，難道不是公平的嗎？肉體在喪失那麼多慾望享樂之後，和靈魂同享永恆幸福，難道不合理嗎？因此，肉體的復活必然給我們極大的慰藉。救主耶穌將先知書律法書所言證明給猶太教徒看，以他自死中復活奠立基督教的基礎，使我們確知信心不是徒勞無效的。有人說，已毀壞的肉體的各部不可能再復合回原狀，這種質疑之無謂，根本不值得去答辯。能夠從無而創造人類的全能上帝，不但能將毀壞的肉身恢復原狀，而且還能夠賦予他完好的理性、不懈的活力，以及其他。

我們知道，應許的報償不像猶太教徒所信的那種庸俗的感官享宴，也不像伊斯蘭教徒期望的，有衆多嬪妾的愚人的天堂，更不是拜偶異教幻想的，靈魂從一個肉體飄入另一個肉體。應許我們的是無窮的靈的幸福，是我們的心所能企求的，被造物能夠追求的最大幸福。我們將享受見著上帝的眞福，上帝要住在我們裡面，我們要永永遠遠以喜樂的哈利路亞讚美祂；我們將擺脫飢渴、擺脫一切疑惑、憂愁、痛苦、死亡。簡言之，我們會有完美的幸福，因我們將活在上帝裡面，祂將在我們裡面。

我們切實省思過這些，便會甘願捨棄一切，甚至捨棄生命，以追求永生得救。這種圓滿賜福，將使所有義人（與聖保羅一同）衷心渴望離開這罪惡與痛苦的人世，拋棄肉身而與基督合一。使徒保羅明白那是何等的幸福，他曾告訴哥林多人：「上帝爲愛他的人所預備的，是眼睛未曾看、耳朵未曾聽見、人心也未曾想到的。」

現在簡論一下禍事與懲罰。上帝應許給愛祂服從祂意旨的人無上榮光的報償，同樣也宣示，對不這麼做的人要降下最可怕的禍與審判。對義人如此慈悲的這位上帝，對信心不堅而不悔罪的人公正審判，不是很合理的嗎？行善若應得到不可言喻的報償，罪惡的人不該受到最痛苦的懲罰嗎？我若在此重述聖經上所說，被罰下地獄者所受的種種痛苦，讀者會不耐煩了。因此，我只就聖經所述表達我的看法，以作本節的總結。

(1)因爲相信會遭降禍懲罰，我們便不敢犯罪，並速速懺悔，走向聖潔的生活。因爲，除了遵行上帝的意旨，不可能期望永生。不悔罪而死的人將墮入永火。

(2)這種信念使我們害怕敬畏忌邪的上帝，不敢戲弄上帝。使我們聽了祂的話會顫抖，會記著祂的無限公正與烈怒。

(3)我們因而懂得珍惜救贖。我們若不相信會受永世之苦，就不可能重視基督付出的寶貴贖價。認識到自己犯了罪，墮落且應受無窮痛苦的人，必然會全心感謝如此慷慨的救贖。

相信上帝爲愛祂的人預備了光榮報償，也是有用的：

(1)我們會擺脫對世俗享樂的愛意，對現世產生厭惡，學會愛天國甚於一切。

(2)它鼓勵我們背起基督的十字架，甘願而喜悅地爲他的名忍受一切磨難，確信使徒保羅說的話：「我想現在的苦楚，若比起將來要顯於我們的榮耀，就不足介意了。」

十 基督教的其他證據

我的導師以上述方式，以證據與宗旨證明了基督教信仰之正確性，又提出其他理論堅定我的信心。這些論點也是十分寶貴的，我將予以簡述。

第一，猶太教徒相信上帝應許彌賽亞的來臨，他們也不得不承認，他們釘死這名叫耶穌的人，正應驗了舊約上預言的一切。如他是童貞女所生的，生於猶太族，是大衛的後裔。如他在加利利開始傳道，行了許多神蹟，建立唯一眞上帝的崇拜，摧毀偶像與假的神，成爲猶太人與外邦人的救主。如他被出賣，賣了三十銀元；如他受苦難與死的時間、方式、狀況；如他的衣服被拈鬮分了，群衆辱罵他，他臨終的言行，他的骨頭一根也未折斷，他的隆重葬禮，他的復活等等。這一切都是古時預言將發生的，都由他應驗了。所以這位耶穌無疑就是基督，他的宗教無疑是來自上帝。

第二，我的導師指出這些預言應驗之非比尋常，茲舉兩、三例述之：如與基督敵對的人那麼多，他卻是被自己的門徒所出賣，這不奇怪嗎？審判他的人已宣告他無罪，他卻仍被判死刑；他多次逃過被石頭擊死之災，最後卻被釘十字架；他若是眞正犯了被控的罪，按國法是該被石頭擊死的；他被釘了十字架（這是羅馬刑罰，不是猶太刑罰），卻得以隆重安葬；當時慣將釘十字架的人骨頭打斷——一同受刑的兩名強盜便是如此，他的骨頭卻一根也未折斷，這些事不奇怪嗎？我們怎能不敬畏上帝的無窮智慧，在祂的愛子耶穌身上，一一應驗了彌賽亞的預言？

第三，基督對猶太人及其聖殿與城市的預言應驗。羅馬人的確在其皇帝提多（Titus）的指揮下，於救主預言的時期佔領了猶太人的城，毀了其神殿。而自那時候起，猶太人便在世界上流離失所，從未享有統治權。

第四，使徒與後繼者傳播基督教信仰的奇妙過程。這一點對穆罕默德信徒頗不利，因爲他們是用別的方法傳教。我將分三方面來闡述：基督教的創始人、基督教本身、傳教的方式。

其一，基督教的創始人乃耶穌。他是一位貧窮的童貞女之子，一位木匠名義上的兒子。他出生在伯利恆一個馬槽裡，在加利利受教育。後來受了種種折磨羞辱，和罪犯一同受十字架死刑。這些對於基督的傳道是重大阻礙而非助力。然而，基督的道卻「大大興旺而得勝」，傾覆了一切迷信與假宗教，這若不是靠全能上帝之力，是絕做不到的。

傳播福音的人不是有錢有勢的貴胄，而是貧賤的工匠；他們不是在著名學院受過教育的學問淵博之士，而是卑微的加利利百姓，都是平和謙恭的人，不大可能做出大事，因爲他們欠缺賺取名利所必需的世俗學識和權柄。最初傳播福音的人確實都是如此。所以他們只憑自己的頭腦和能力，不堪與希臘人的學識、羅馬人的強權、猶太人傳的神蹟、拜偶異教徒的頑固相抗衡。我們可能比較容易相信一隻綿羊撕咬一群餓狼，也難以相信他們能勝過這麼多人與魔鬼的阻撓，說服世人放棄其原有的崇拜，而相信被釘十字架的基督。因此我們可推斷，他們能做到這些是靠著全能上帝之助；卑微的人能促成這麼偉大的事，必定是靠著一種無窮的大能。

其二，就基督教信仰本身而言，我們已經證明它是所有宗教信仰中最優秀最完美的。但是它卻有一些信條和規定，成爲異教徒皈依的絆脚石。信條中如天地萬物之創造，慣信「無中不能生有」的異教徒必是聞所未聞。又如異教一向相信神有多位，也不易接受只有唯一眞神之說。上帝三位一體的教義、肉身復活的教義，羅馬人和希臘人都認爲怪異。然而，即便這些教義是上述這些人感到陌生而不能同意，它們卻被這些國度接受了。若非上帝的神妙旨意成就，這種事是不可能的。傳播信徒規條的時候，若不是有同樣的力量促成，墮落的世人也不可能接受。福音指示我們摒棄一切不敬神的事，去過正當、虔敬、警醒的生活；不但禁止邪行，也禁止邪念；不但不許我們傷人，還不許我們報復他人對我們的傷害；這些都是墮落的人不肯輕易遵從的。

其三，更奇妙的是福音最初傳播的過程。傳福音成功不是因爲使徒們能言善道，他們都是沒有受過教育的人，和天生瞎眼的人不知顏色一樣，全然不懂正規的學識。他們出身微賤，既沒進過羅馬元老院，也不曾輔佐過王公大臣；他們也不是律法學者，不懂辯論技巧；簡言之，他們毫無與權勢階級較量的條件。他們卻在如此的劣勢之下，將基督教傳播給那時代罪惡的、墮落的、有權勢的人。不錯。聖保羅是一位有學識的使徒，但他卻告訴我們：「我曾定了主意，在你們中間不知道別的，只知道耶穌基督，並他釘十字架。」又說：「我說的話講的道，不是用智慧委婉的言語，乃是用聖靈和大能的明證。」因此，基督教傳播成功，仍是完全歸因於上帝的大能。

穆罕默德傳播信仰所用的戰爭和武力，福音傳播是用不著的。猶太人和外邦人無需害怕使徒們會拔出劍來，因爲使徒是不可用任何暴力酷行的，基督不是派遣他們去掠殺弱小，因他是和平之主，他們是他的僕人，所以他們不是來斥責戰爭，而是帶來和平與大好訊息，勸戰士們收起兵器。各地君王和政府不但不保護他們，反而施以殘酷迫害，他們卻只帶著對耶穌基督的信心，沒有別的武器，只使用上帝的道而不用別種的劍，憑著這些戰勝了許多國家民族，使他們甘願接受福音。

使徒們與皈依基督教的人們不斷遭受折磨、苦難、侵襲、迫害，我們會認爲這應該極不利於教義的廣播。祈禱和淚水是他們僅有的武器，殉教者的血卻是教會的好種子，因而每天就有上千的人相信。我的導師將這奇妙的成果舉爲論點之一，證明它是唯一眞信仰。另外還有許多論點是我未提及的：如基督之復活升天，他派聖靈降至使徒之中，使徒得到聖靈的能力，而能說各種語言、行神蹟等等。但是這些無需我再多說了，因爲凡懂道理的人（他若細想過前文所說的證據）都必須承認，基督教在證據、宗旨、信條、行事規範、賞罰方面，都優於其他所有宗教，基督教是來自上帝的，是唯一的眞信仰。

十一 作者對基督教提出的質疑以及解答

我針對上帝存在與否、上帝神性、啓示宗教之必要性所提出的質疑，都太欠通而不值一提。那都是我故鄉國人普遍抱持的意見，我的導師回答得極爲明白，我根本無言以對。我的疑問較值得再述者如下：

1 問：我怎能確知福音書的作者和使徒們說的話屬實？他們可能騙了我們，所說的事並不曾發生。

答：我的導師答，他認爲福音的作者能記述事實，告訴我們主耶穌生平至死的全部史實。而且他們願意這麼做。沒有人能懷疑他們說的是事實；因爲他們沒有記述在他們以前的時代所發生的事，也沒有記述遙遠地方的事，他們傳述給我們的，都是他們親眼所見、親耳所聞、親手觸及的事。

他們之中大多數人一直隨侍主耶穌，從他開始傳道至他在世上生命結束爲止。假使他們說了假話，我們不能將之歸因於不明實情，只能說他們是蓄意欺騙我們。但是以下的三個理由可證明，他們本意是要告訴我們事實而且的確這麼做了。

(1)他們僞造基督生平事蹟，乃是難以想像的事。一群貧窮的漁夫、無學識的工匠怎可能編造出這麼一套各方面完全吻合的故事？

(2)假設他們是機伶的詭辯家，狡詰得足以揑造出這樣的故事。但是，有那麼多活著的證人（以及許多毫不留餘地的敵人）可以指證，他們怎敢大言不慚地扯謊？福音作者們若被人發現說假話，必然被揪出來押到地方官廳，受他們應得之懲罰。更何況，阻撓傳教原本合乎地方官廳的利益，他們先前已經把基督教的創始者迫害至死了。

(3)福音的作者是信神的、正派的、理智明白的人，他們坦承原本不爲外人所知的過錯，以及他們遲遲不相信、爲地位先後爭論、離棄主耶穌等等行爲。由此可見他們是不曾說謊揑造的。

(4)他們若欺騙我們，於他們有什麼好處？他們不會因此得到景仰推崇，因爲他們一直被辱罵爲愚人和瘋子。他們也不會賺得財富或任何別的現世利益，因爲他們傳的福音要他們放棄一切而跟隨基督。也因此故，他們的名聲、財產、生命隨時處於危險，到處被人當作造反者與瀆神者而驅逐，末了又遭到最惡毒殘酷的處死。蓄意的騙子絕不會甘受這些磨難。有人可能爲了自己明知是假的宗教，而欣然喜悅地接受各種酷刑折磨嗎？更何況，他們若唾棄這宗教，還會受到嘉獎讚賞呢。由此看來，我們不得不相信，福音的作者都是眞正的、忠實的歷史家。

2

問：我如何能確定，我們現在所知的新約聖經是福音作者與使徒所寫的原本，歷經這麼多年代未曾刪改？

答：⑴這些福音書傳已流傳全世界，幾乎每種語文的譯本都有。各版本仍然冠著原始作者的名字，而且各種版本內容劃一，這足以證明是自古以來未曾改動過的。若說相互沒有商貿或通訊的各地國家，共謀來假造經書，或是竄改內容，更是不可能。

⑵基督教的派別甚多，若有一家將聖經修改得切合自己的意見，別家一定也會照樣做。但是自古至今，各派始終共遵同一版本，可見現在的聖經和最初傳給我們的內容是一樣的。

3

問：基督教的神蹟不足以證實基督教之爲眞宗教。因爲猶太教、拜偶像的異教也是藉神蹟奠立的。假使神蹟便是充分證據，這些宗教都可算是眞宗教了。

答：⑴並非只憑神蹟便足以證實宗教之眞假。神蹟只是證實的方法之一。假使神蹟不能配合眞宗教的教義和規條，盡屬無益。

⑵異教信仰中的奇異事蹟並不具備眞神蹟的三條件：①行神蹟的人應預知其發生而有意促成神蹟。②必須超越一切人爲技術和自然力。③必須確定有人成就它而確實發生過。

但是異教傳說的奇蹟，不過是預言災難將降臨其國家，所預言的事也沒有超越研究自然的學者所知的範圍。他們只說雷擊、閃電、地震等自然現象可能發生。而且並沒有證據顯示，這些現象曾在他們所說的時間發生。如《甲爾哈巴底翁德》或其他異教律法經書等，雖有記載這些奇蹟，卻被祭司們嚴密保藏，不准外人閱讀。因此，異教所說的這些奇蹟欠缺必要的三條件，不能眞正稱爲神蹟。但是主耶穌成就的，卻已充分證明是具備三條件的，所以都是眞神蹟。

4

問：即使你不信異教所行的異事神蹟，也可相信我自己親眼得見的事。即是，我們的神會以實實在在的形體在神廟中顯現。例如，他若是震怒了，便以獅身顯現；若是對信徒滿意，就以公牛或公羊身形顯現。他有時候在幾小時內就會改變身形，同一天之內，整個神廟裡的群衆，都會看見他發怒與滿意的樣子。

答：⑴以獅子之類猛獸的身形顯現，而且經常顯現，是至上崇高的神不屑爲之的。

⑵這似乎是祭司們安排的騙局，因爲神龕被遮蔽的時候，他們可以將一頭獸牽走，再牽另一頭進來給信衆們看。他們卻不准信徒靠近神龕。假使全能之神要如此改變身形，他也不會暗中進行，而會當衆公開做。因此，若要使人相信神變獸形的事，必須用更多的神蹟來證明它。

5

問：我可以按以上的理由，拒絕相信基督復活。因爲，他若眞的從死裡復活，爲什麼不讓他的敵人看見？既然只有他的門徒看見，我也可以按猶太人的說法，指他的門徒在夜晚時分把他的屍體偷走了，事後再宣揚基督已復活。所以這個神蹟也需要別的神蹟來證明。

答：⑴使徒們行了許多神蹟，是足以證明基督復活的。他們令死人復生、給人治癒疾病時，一定是憑著從死裡復活的基督之名。

⑵我們倒不如問一問：上帝爲什麼不讓耶穌的敵人活活升入天國，去看基督坐在祂的右邊呢？我敢確定，猶太人即便看見復活的基督，也會說那是鬼魅之類事物。他們既已不信基督在釘死十字架以前所行的諸多神蹟，就算看見基督復活，也不會相信他就是彌賽亞。

⑶愚昧的猶太人指門徒偷走基督遺體之說，我們若從以下各點探討，就會覺得那是無稽至極的。猶太人並不否認，基督死後葬入墓中，墓穴外面有兵丁嚴密守衛。但他們又說，門徒乘兵丁們熟睡時跑來將基督的遺體偷走。我們不禁覺得，這麼大膽的行爲是不可能的，因爲基督被出賣的時候，門徒都嚇得逃走了，門徒中最熱誠的聖彼得也不例外。他曾說：「衆人雖然跌倒，我總不能。…我就是必須和你同死，也總不能不認你。」然而，恐懼使聖彼德逃離，而且三次不認主。

假設門徒驚恐過後恢復鎮定，勇敢地試圖偷走基督的身體。兵丁們怎可能同時入睡而不留一人警戒？假設他們確實同時睡了，門徒們又怎能知道他們會在什麼時候一同入睡？門徒若不確知兵丁們會在什麼時候一同睡著，他們怎能搬開墓穴口的大石頭，進入墓中偷了遺體，卻沒弄出一點聲音吵醒兵丁？假設他們確實悄悄做完這些事，他們必因爲怕被發現而動作急忙；但是事實恰相反，墓中一切井井有條，包裹基督身體的細麻布摺好放在一邊，基督的裹頭巾放在另一邊。這顯示做事的人十分沉著而慢條斯理。假設門徒們確實偷基督遺體，猶太人爲什麼不告入官府？門徒們若證實有罪，還可能被處死刑。假設兵丁們在基督遺體被偷時睡著了，他們爲什麼未按猶太與羅馬的法律被處死？

此外，猶太人這個指控根本是自相矛盾的。因爲，如果兵丁們沒有入睡，爲什麼不阻止門徒們的行動？如果他們睡著了，又怎麼知道基督遺體如何被偷，是誰偷去的？由此可見猶太人之愚昧、偏袒、不信神。他們相信只憑歷史書與傳說爲證的摩西和先知們的神蹟，卻不信他們自己天天親眼得見的神蹟。

6

問：魔鬼或許也能行基督所行的神蹟，如何確定基督神蹟是靠上帝成就或魔鬼促成呢？

答：我們的確不清楚撒旦的威力究竟有多大。但有一點可以確定，即便他能促成基督所行的一切神蹟，他不可能爲著基督行神蹟的目的而做這些事。基督的目的是要確立眞信仰，這將消滅魔鬼的國，以榮耀上帝與造福人類爲宗旨。魔鬼一向與上帝和人類爲敵，不可能去做任何榮耀上帝造福人類的事。假使我們相信魔鬼能行任何奇蹟，也應該把拜偶異教的神蹟歸功於他。因爲那種宗教更符合魔鬼的本性，如其規定信徒獻祭兒童，膜拜日月星辰，甚至崇拜魔鬼，以及其他荒誕行爲。這些都是違背全能造物主之神性，與上帝本質相反的。

7

問：基督曾經認可摩西的神蹟是上帝的大能成就，爲什麼又廢除摩西的宗教和律法？

答：既然基督曾認可摩西的神蹟，他便無意要廢除他的律法。基督實在告訴過我們：「我來不是要廢掉，乃是要成全。」所以他取消了以後不需要的儀式典禮。上帝與猶太人立的約中說過，日後將廢止這些儀典。上帝並未指它們是錯的或是違反上帝本意，只說它們不完善，缺少耶穌基督將要帶來的完美。故基督教我們不要用牲祭、燒香、幡祭來崇拜上帝，而是用心靈與誠實來崇拜。

8

問：基督爲何未將繼續不斷行神蹟的能力留給他的教會？

答：我們不應過問全能上帝的密旨，只要知道那是祂意旨就夠了。祂以祂的全能確證了祂啓示的宗教，我們就應感恩滿足了。因爲教會的始創期已經過去了，地獄之門不會再勝過它，上帝也就無需再行神蹟了。

以上是我就基督教神蹟提出的主要問題，都一一得到了滿意的答覆。以下則是有關救贖事工的問題。

9

問：上帝既然決定，要以祂唯一愛子受苦來救贖人類之罪，祂爲什麼不早些派基督來，甚或在亞當墮落後立即就派來，以便亞當以後至基督以前的那些人都能得救？

答：(1)你何不問我，上帝爲什麼不早一點創造天地萬物？這是我或任何人都答不上來的。雖然無人能回答，卻無損於上帝創造一切此一事實。因此，我雖說不出上帝不早些派祂的愛子到人世來的原因，這卻無損我們被救贖的效力。我只能說，上帝的無窮智慧選定了這適當的時候，祂認爲這是最恰當的時刻。

(2)雖然耶穌基督在亞當犯罪過後數千年才降臨，那些在他誕生以前的世人，只要能遵行上帝的指示，都可分享救贖之福。

10

問：上帝除了讓祂的唯一愛子爲我們而死，沒有其他解除我們罪惡的法子嗎？

答：(1)除此之外似乎不能符合祂的大義；因爲我們得罪了無限偉大的上帝，所以我們的罪無窮大，要贖這麼大的罪，必須犧牲無上尊貴之寶，也就是祂的唯一愛子耶穌。

(2)假使有別的法子，上帝也願意用那個法子，你也許又要問：上帝爲什麼那樣而不用另一個法子？因此，如果允許這樣的辯論法，無異於要求上帝要按每個人愚蠢的好惡來行動了。

(3)你何不問：上帝爲什麼不把人創造得和天使一樣完美而不會犯罪？如果祂的無窮智慧認爲這是可行的，祂會這麼做。但如此一來，我們也就不需要救贖了。

(4)無所不知的上帝用了這個法子，是因爲祂可藉此呈現祂的公正、恩典、仁慈。上帝的道是我們不能理解的，所以我們應當順從祂絕無錯誤的主宰。祂並不要犯罪的人死，寧願罪人離開罪惡而活著。我們對這位萬王之王，不該像對人世的君主一樣盡服從的本分嗎？一向仁厚愛民的君主，豈可受一個無知子民的指謫？這子民只因不懂政治道理，就可以抨擊君主的行爲嗎？

我舉一個實例，法國國王在列士威克（Reswyck）議和的時候，有多少法國人民指謫他？他們都知道他是有遠見的君主，若不能由此取得優勢，絕不會如此講和。可是人民還是指謫他，因爲他們想像不出他這麼做的理由，如今他向世人揭曉了，他這麼做可爲他的孫兒贏得西班牙的王位。假如說臣民不懂國家大事就不應批評主政者，那麼，上帝之道是根本不可知的，我們豈不該更加謙恭順從呢？

11 問：基督不可能抵償亞當犯罪的贖價——你說那是無窮大的罪，因爲他既是神就不可能受苦，更不可能死亡。他既是人，他的苦難與死也就不足以抵償上帝無窮正義的贖價，不能爲全人類贖罪。

答：(1)基督功勞至高的死與受難，從兩方面抵償了贖價。從上帝的神聖意旨來看，基督的犧牲已完全止息上帝之怒，無需再用其他，便已足夠拯救全體人類。上帝當然可以說明怎樣做是合祂意的；既然舊約中記載，以牲畜獻祭可以抵償某些人犯的罪過，上帝之子的犧牲更足以贖全人世的罪了。再從基督的尊貴神格來看，他是一切之上的神，永享天國之福。他雖只以人的肉身受難，但他的人性是與神性合一的，所以我們可以確定，上帝的不朽之子，承擔了基督在世爲人類受的一切苦難。

(2)做爲一個人的基督，是無限優於所有人類的，所以他的犧牲是人類罪惡的無窮救贖力。他是從聖靈孕育的，是至完美的人，是上帝之子，因父的預定成爲我們的救主。此外，我們還要記得，他有成就神蹟的能力，天父也曾以神蹟證實他是祂的愛子，愛祂的喜悅。因此我們得承認，基督的人格是最完美的，是不能言喻的，所以他的苦難必有最高的價值。假使一位君王的贖價足以抵償全體子民，基督之死更是足以贖抵全人類之罪的。

12 問：上帝不能以祂的兒子爲我們贖罪而抵償祂審判的大義。因爲這等於是爲祂自己而犧牲自己，就好像債主用自己的錢還自己的債一樣，是講不通的。

答：(1)照這樣看來，不但一切獻祭都變成沒有意義，連崇拜上帝也是不必的了。因爲我們不論獻上什麼，都是把來自上帝的歸還祂。

(2)我們應當明白，在創造萬物與救贖人類的偉大事工之中，上帝不是以一種神性行事，而是出於祂所有完美神性的融和。假設有這麼一個極優秀完美的人，他對上帝的依靠也極小，足以抵償全人類的無窮贖價。上帝若用這個人來贖罪，是合乎上帝公正神性的，但卻違背了祂的仁慈與恩典。上帝若接受了和人類罪過同等大小的犧牲品抵償，就顯不出祂的仁慈了。祂以祂的愛子為我們贖罪，以基督的受難與慘死來抵償祂公正審判之贖價，才顯示祂對我們的愛、恩典、仁慈。

13 問：我們贖罪的償價是交付給誰？

答：給天父上帝，人類因冒犯祂無上崇高之天顏，應承受祂的憤怒懲罰。

14 問：可是，救贖者卻是上帝賜給我們的。

答：不錯。他是上帝派到人世來的，卻必須為我們的救贖受苦難而死。因為這是上帝仁慈而願意讓他容受的，所以，在人世的耶穌基督為我們所做的，有極不平凡之處。他本是可以指揮「十二營天使」的上帝之子，卻甘願降尊而做為全人世贖罪的羔羊。這樣無法衡量的大犧牲，上帝喜悅接納，並為此而洗淨我們的罪過。救贖的偉大事工便是如此成就的。

15 問：假如說拜偶異教獻祭兒童是極違反自然的，基督的受難卻更加殘酷。因此我難以相信，上帝寧願要自己的兒子犧牲而不要幾千兒童為獻祭。

答：我們不必斷言犧牲兒童必是不應當而殘酷的。因為，這麼做若是殘酷，就是違背上帝神性的。我們都知道亞伯拉罕的故事，他若認為用兒童獻祭是違反上帝神性的，就不會欣然獻上自己的兒子以撒為祭品。

至於上帝之子的犧牲，上帝接納這樣的抵償並不違反祂的公正。我們可以從兩方面來說明：(1)所謂不公正，指的是故意奪取別人的某件你不願償還且不能償還之物。因此，上帝讓祂的兒子爲我們而死，死後第三天使他從死中復活，給他比原先更加榮耀的生命，這既不是不公正，也不是殘酷的。上帝給祂的愛子在人世的苦難以豐厚的補償，接他升入天國，永遠坐在祂的右邊。

(2)基督付出生命爲我們的贖價，做上帝與人類之間的中保，上帝接受祂的兒子自願作的犧牲，因而沒有不公正或殘酷之處。相反的，上帝若不肯以祂兒子的犧牲爲全部贖價，我們就更有理由指祂是不公正或殘酷了。因爲，欠債者還不出錢的時候，有另一個慈心慷慨的人願意代他還，債主若不肯接受，就是殘忍而不講理了。

16 **問**：上帝既禁止猶太人用人來獻祭，爲什麼又要求祂的兒子犧牲呢？

答：(1)上帝命令猶太人勿以子女獻祭的時候，並不是從此永不要求這樣的犧牲（尤其是在極爲特殊的情況時），前面已提過的以撒便是一個例子。

(2)上帝並未命令猶太人將耶穌基督釘死十字架，只是容許他落入惡人之手，讓基督「像羔羊在剪毛的人手下無聲，他也是這樣不開口」。雖然兇惡忌妒的猶太人要治死救主耶穌，上帝卻接受他爲全人類罪惡而作的犧牲。

17 **問**：亞當與其墮落的後裔所犯的罪，只是不服從上帝的命令，基督只要完全服從便可以贖過了，根本無需以受難而死爲我們贖罪。

答：⑴假使上帝可以用別個比較簡易的方法救我們的靈魂，我們該指責祂用了這個方法嗎？基督可以憑說一句話治癒一切殘疾，他治天生瞎的人卻用泥土和口水，又叫瞎者去到西羅亞的池子洗，這瞎者該嘀咕不滿嗎？

⑵認爲亞當的罪只是不服從命令，乃是錯誤的觀念。因爲亞當的罪狀有三：①不信上帝的話而聽信蛇的言語；②有野心，想要和上帝一樣；③不服從，偷吃禁果。

⑶認爲基督無罪的一生，便足夠作爲亞當繁複罪惡的必需贖價，也是錯誤的觀念。全能上帝警告亞當勿犯罪的懲罰是永死，基督便是爲此而捨命。

18 問：亞當要受的懲罰是永死，那麼基督是否承受了永死呢？

答：基督並未承受我們應得的永罰。但他的受難是極端嚴苛痛苦的，他死時又遭到咒罵，而他卻是全然無罪的。所以，我們雖然是應受永死的，上帝卻願意接納基督甘心爲我們受的苦難。因基督的犧牲贖了我們的罪，使我們重獲上帝的垂憐。所以基督的確可以說是爲我們而死的。

19 問：我不解，基督如此德行完美，又甘願爲我們而死，爲什麼他受苦難時不像傳說中許多殉教者那樣欣喜而勇敢呢？例如他在客西馬尼禱告時說：「我心裡甚是憂傷，幾乎要死。」他流出的汗珠大如血點，又向上帝禱告說：「求你叫這杯離開我。」最後，在十字架上還大聲喊：「我的上帝，我的上帝，爲什麼離棄我？」

答：⑴我們不必全信殉道者列傳所載的內容，其中或許有一些是特意爲鼓勵基督教受迫害時代的信徒而寫，以勸誡他們效法殉教者的德行與信心。

⑵這些殉教者在大庭廣衆之下表露勇氣，隱藏所受的痛苦，爲的是減輕其他不畏受難教徒的恐懼。但他們在被拘禁時、私下時也許亦與常人一樣軟弱過。

⑶假使殉教者列傳的作者記載全部屬實，那必是上帝聖靈的作用力了。聖靈賦予他們大無畏的勇氣，使他們確信能得到永恆榮光。

上帝容許祂的兒子在極度苦痛時表露憂傷，①因爲假使你我爲了基督而遭受到這種磨難的時候，如果表現不出早期殉教者的那種欣悅與沉著，反倒畏縮發抖，我們也不至於認爲上帝會不接納這樣的受難受死。因爲，只要能（像基督那樣）順從上帝意旨，上帝都是悅納的。②基督的受難與死可能是價值更高的。③基督可以幫助我們、護衛我們。因爲他曾受試探、磨難、被釘死，更能體會撫慰我們遭受的試煉與折磨。

以上是我就基督救贖提出的質疑，經導師一一解釋後，我又抨擊基督教教義的奧秘。

20 **問**：前面說基督和聖靈是上帝神格中的兩個不同的位格。基督教信仰也教導我們，要相信三位一體與一體三位，以及三位一體的第二位來到人世而成爲人等等教義。這一些都令我莫測高深，我覺得不合理，也不合上帝神性。

答：我們切勿將超越理解之事與不合理現象混爲一談。許多我乍看之下是超出理解範圍的事，後來會憑經驗明瞭它們。我可以舉一、兩個例子說明。

假設某一個生在寒冷氣候區的人，來到一個炎熱的地方，這地方的人從未見過冰和雪，這人告訴當地人，他的故鄉到了某個季節，水會凍成硬冰，堅固到馬可以在上面跑的地步。當地人會說，這是不合理的，變硬也是違反水的本性的。因爲他們的理解與經驗都不知水會凍成冰，所以就斷定這外地人是存心騙他們的。如果這些人相信這外地人是正直誠實的人，所說的是他親眼所見的事，不會爲任何利誘而說假話，那麼，他們即便無法想像這種事，也必然會相信他的話了。

再以磁石的用途爲例。最先發現其用途的人一定遭到駁斥，有人也許相信他，有人會質疑，有人會斥之爲絕不可能。現在我們憑經驗都知道這是事實了，雖然仍不明白其道理何在，也沒有人斥之爲謊言了。聰明的學者曾探究過原因，經過種種假設與求證，也不得不將之歸入亞里斯多德說的超自然神秘特質，和我一樣地，說它是超乎理解的。

基督教的奧秘亦然。從未聽人講解過這條教義的猶太教徒和外邦人，會認爲這是荒謬、不合理的，也不合乎唯一上帝的神性。他們一旦相信基督是這條教義的創始人，他比所有先知都更大，他是不可能欺騙我們、也不可能被欺騙的上帝之子，他能用幾乎無限多的神蹟證明這條教義，上帝宣告他是祂的愛子，命令我們聆聽他；一旦我們都相信了這一切，就必須斷定，它是超越理解的，不是不合理的。繼而我們應該自責太過放肆，承認自己的理解力不濟，連自然界的事物尚未盡知，卻膽敢妄求理解上帝的奧秘。

神聖教義這樣傳播勝利之後，有人開始著述反駁，也有人試圖把它解釋得明白易懂，他們的解釋卻是危害多於助益。這條教義的確曾受到一些派系的基督教徒抨擊，但那並不足以消滅它。我相信，凡是眞理，不論多麼淸晰明白，總會招致某些人的辯駁。

結論

有許多基督教徒拒絕相信教義，這並不令我感到訝異。因為我不得不慚愧地承認，我自己也曾懷疑過。但經過更深入的探究，我必須承認自己的欠缺與無知，以及太過自大又太不謙虛，只知相信自己的理解力，竟不相信主耶穌教導的道理。讚美仁慈的上帝，現在我的信心更堅了。我不必多此一舉，逐一指出聖經中證實這條教義的章節，每位讀者家裡都有聖經，希望各位能時常讀，作圈點，潛心學習，把裡面的話吸收。我以下面的話作結論：如果我除了自己能理解的事物其他一概不信，就得把自己歸入懷疑論者，懷疑我們品嚐、看見、觸摸的每一件事物。

21 **問**：基督是嬰兒時便知道自己是神嗎？

答：你六個月大的時候知道自己是有理性的動物嗎？你不能答是。這麼回答你吧，上帝不必到處顯示祂的榮光。祂雖是無所不在充塞於每個地方，卻極少像在西奈山等地那樣，顯示祂的臨在。

22 **問**：既然基督教有這麼明白的證據，其規條又遠遠優於先知和學者的教誨，為什麼奉行的人卻最少呢？基督教徒爲什麼不遵照這些最好的規條生活？我覺得，他們若是眞信他們口稱的，就應當衷心謹守。

答：你得去問這些言行不一的糊塗人。他們和你一樣明白教理，也許比你知曉的還多——因爲他們不曾有滿腦子的異教成見。我也敢說，我解釋給你聽的道理，足以說服任何有思考力的人。我必須以沉重的心情承認，眞宗教自始至今未變，卻最不爲信徒遵奉。但是，勿讓那些言行不一的人的惡劣行徑引起你的反感。他們既是受過眞信仰調教的，卻大意偏離正道，將受的懲罰是更重的。他們該記住救世主說的話：「僕人知道主人的意思，卻不順他的意思行，那僕人必多受責打。」他還說：「你們卻被趕到外面。……從東、從西、從南、從北，將有人來，在上帝的國裡坐席。」由此可知，許多猶太教徒和外邦人，因爲遵守上帝賜予他們的理智判斷而循規蹈矩，必被上帝慈恩接納，因基督的寶血而得救。反而是某些基督教徒，因蔑視上帝恩典，任意放蕩行惡，將被上帝逐出，遭受永罰。願上帝的無窮慈悲保佑，我們不會成爲這種人。

以上便是我對基督教信仰提出的質疑。讚美上帝，指引我遇見這麼一位能給我滿意答案的人。靠著神恩，我宣布衷心願意脫離原來的拜偶異教，接受眞正的基督教信，一切榮耀永歸全能的上帝。阿門。

附錄

一九二六年再版之編者導言

世人若是有意收輯全套騙術大觀，最有資格名列前茅的騙子當屬這位自稱撒瑪納札（Psalmanazar）的人。（按：本書初問世時，作者署名爲 Psalmanaazaar，但以後多有使用不同拼寫法者。）

他的眞名究竟是什麼，顯然未爲人知。可以爲我們一解迷惑的人，卻隻字不願提。此人即是姜森博士（Dr. Samuel Johnson, 1709-1784），他與作者之關係見後文。

作者在《回憶錄》（*Memoirsx*：，乃一七六四年的初版）中說，撒瑪納札這個名字是從聖經《列王紀下》（十七：三）的靈感捏造的，其中曾提及亞述國王撒縵以色（Shalmaneser）與何細亞爲敵。

有關他早年的經歷，我們只能從《回憶錄》讀知。此書是他於一七六三年逝世後的第二年出版的。

他大約是於一六七九年生於法國南部——可能是在朗格多克（Languedoc），父母都是法國人。六歲時進入附近一所由方濟各修會教士辦的免費學校，之後進入「在大主教轄區內的」

一所耶穌會學校，一所由道明修會修道院長主持的哲學學院，最後進入大學修讀神學。

早先他便對語文——尤其是拉丁文——產生興趣，但大學的神學課程漸漸令他感到乏味。此時他寄宿在郊外親戚家，這家人作息無規律，加以城裡繁華吸引人，年少而富想像力的撒瑪納札不久就受到影響了。在他寫給母親的家書裡，述及因種種不順遂，使他到一位同鄉市鎮官的家裡擔任教師，此人當時住在亞威農，學生是其侄兒。撒瑪納札任教職不久，就發現自己對這學生無甚助益，因爲這學生似乎天資不佳。

之後他又換了一個教職，這份教職的相關環境條件，使作者有機會滿足他的「出鋒頭情結」(notoriety-complex)——現代人會如此稱之，這種心理對他一生影響甚鉅。事情是這樣的，撒氏這一次要教的兩名男學生的母親，是「一位相當活潑的女士，她的丈夫卻有點太嚴肅」。因此，她刻意討好這位新任家教，而做家教的也儘量不太過份地「縱容她的種種小怪癖」，主要是爲了滿足他自己的虛榮心。

也因虛榮心之故，他假充起有學問、道貌岸然的模樣。女方對他這種態度並不欣賞，他卻打定主意要假裝到底，故意不回應女主人的挑逗。結果，他不久就被開除，生活拮据。撒氏這個時期以及後來的心理狀態，很值得做爲近代心理分析家之研究資料。

潦倒之餘，他並不像一般走投無路的人那樣——回家求母親幫忙，反倒「因爲欠缺優點，想要假裝成爲因對教會的忠誠而受苦的人」。這個計劃並不成功，在境況愈趨惡劣之後，他終於決定回老家。他取到一紙護照，自稱是「愛爾蘭某神學教派的年輕子弟，為宗教信仰離鄉背井，正要前往羅馬朝聖」。為了取信於人，他偷到一件朝聖者的斗篷和一根手杖，就以朝聖者的打扮和姿態踏上了旅程。

他沿路乞討前行，只講拉丁文，故乞討對象以「神職人員和有身份的人」為主。討得的錢足夠他盡情享受旅店中能夠供應的一切。回到老家，母親勸他前往他父親當時居住的一個德國城鎮。他照做了，不料走完這五百哩左右的路程，才發現父親的景況比他原先聽說的還糟糕。這時候他「不過十六歲之齡」，卻不得不在德國、荷蘭、比利時等地繼續一路乞討。

就是在這個期間，撒瑪納札興起了冒充遠東國家土著的念頭。他對東方國家所知，只限於聽耶穌會教士談起的零碎故事。但年少的他卻認為自己「已具備被人當作改奉基督教之日本人的條件」。原來的護照既已無用，他便另行偽造了新護照，把舊本上的印戳弄到新本上。

走過萊茵河沿岸許多城鎮，他來到朗道（Landau），卻被當作奸細關進牢裡。在繼續旅行途中，雖然艱苦難堪，他卻始終保持著冒充的身份。此時他是衣衫襤褸，混身是蝨子跳蚤，模樣之可鄙，到了無人要看他的護照的地步。官員只當他是本地乞丐無賴，避之唯恐不及，他卻硬要人查看他精心偽造的護照，此一情景可憐復可笑。

即使是「裝扮成貝居安修會（Beguine）修女的老鴇在街上物色客人的時候」，遇見身上滿是抓爛癢痕的他，也會立即走避。撒氏以這等落魄之狀到達比利時的列日後，決定投效荷蘭陸軍。雖然他極厭惡軍旅生活，這卻是僅餘的一條可走之路。負責徵兵的這名軍官和他成爲朋友，帶他到艾伊克斯（Aix-la-Chapelle），他就在當地的檯球酒館裡幫忙。這份工作卻做不長，他一時找不到別的差事，便投入神聖羅馬帝國的科隆諸侯陸軍。這一次運氣也不佳，他因旅行太艱苦而染上的病，迫得他被除役了。

幸虧又遇上一位欣賞他的軍官，讓他進入自己隊上。這個軍團裡泰半是路德會教徒，隸屬麥克倫堡公爵（Duke of Mecklenburg）。這時候的撒瑪納札仍在冒充「一名日本的異教徒」以撒瑪納札（Salmanazar）的名字入伍」，他改名字是在到達英國之後。等到軍團調往荷蘭之後，撒氏爲了圓謊而不斷扯謊造假，故事才眞正有趣起來。

他在《回憶錄》的一七二頁上寫著：「這假冒騙人的衝動一發不可收拾，以致我準備了一個小冊子，裡面畫著太陽、月亮、星星等我憑空想像出來的東西。用我揑造出來的字寫著無人能懂的散文和詩句，我隨時想到就拿出來誦念。」

由於他會拉丁文，學過哲學和邏輯，一般軍人卻沒有這些知識，他主動公開和兵士們辯論宗教議題，每每能夠辯贏。

撒氏的騙徒生涯的轉捩點，是在一七〇二年年底。這時他的軍團調至史萊色（Sluys），他的古怪行徑引起史萊色總督喬治‧勞德爾將軍（George Lauder）的注意。於是他被勞德爾召見，當著多位軍官和瓦隆（Walloon）教會的牧師，以及擔任駐史萊色的蘇格蘭軍團的一位威廉‧

英尼斯（William Innes）牧師，要測驗他。

在測驗辯論的過程中，英尼斯牧師是唯一發覺「其中有詐」的人。於是他約了撒瑪納札到他自己家，要和他作進一步的宗教討論，其實是要用計逼他招供。英尼斯先讓撒氏用他發明的文字寫下一段西塞羅（Cicero）的話，隨即把這段文字收藏好。過後又要撒氏再寫這一段，撒氏終於露出馬脚。

姑不論我們對撒瑪納札的看法如何，英尼斯這個人卻是不折不扣的下流無賴。披著牧師外衣的他，一眼看出撒氏是一個可讓他名利雙收的大好機會。於是，他讓撒氏公開受洗成為基督教徒，再將整樁事向倫敦主教亨利・康普頓（Henry Compton）報告。他給受了洗的撒瑪納札取名為喬治・勞德爾，用的是史萊色總督勞德爾的姓氏——勞氏此時已是撒氏的教父了！

倫敦主教的回函送到後，英尼斯便取道鹿特丹赴英格蘭。他把撒氏說成是福爾摩沙人，因為當時根本無人聽過這個地名。人們聽了撒氏說的故事，似乎反應不夠熱烈，所以他「使出了瘋狂頭腦所能找到的最不可思議的應急對策，即是說人們以生肉、根薯、野菜為糧食。」

這位「改奉基督教」的福爾摩沙人，在英格蘭受到熱誠接待。但是他發現，自己的記憶力和想像力都得發揮到極致。他的膚色太白是問題之一，他卻說，福爾摩沙人只有必須露天工作的人髮色膚色才會變深，「地主富人們都不必外出，居於蔭涼處或地下屋室，所以不會被晒黑」。算是把問題應付過去（人們顯然也都信以為眞）。

他的角色必然扮演得很稱職。他懂拉丁文、法文、德文，也是有利的條件。雖然不少人旁敲側擊，卻沒有一人猜對他的眞正國籍。他以生活端正、衣著簡樸、表面上不愛出鋒頭或賺錢的態度，贏得許多人支持。他到倫敦還不滿兩個月，就有人勸他把教理問答譯成福爾摩沙文。此舉十分成功，也騙住了所有人，英尼斯便進而要他寫一部福爾摩沙全史。並給了他瓦列尼亞斯（Varenius）寫的《日本記實》（*Descriptio Regni Japoniae*, 1649）作爲參考，教他儘快把書寫出來。（按撒氏自述（《回憶錄》頁二一七），他必須用不到兩個月時間完成全書。

撒瑪納札說謊從不改口。他既已說了福爾摩沙是日本領土，就堅持到底，還指別人在胡說。（按：其時中國將福爾摩沙劃入版圖，且與原住民血腥戰鬥不斷。至一八九五年馬關條約才割讓給日本。）又如他一時誇大其詞，說福島每年要以一萬八千兒童獻祭，事後雖看出這個數字大得離譜，他卻「不肯將它減少」。

當時正好在倫敦的一位耶穌會教士——馮特奈神父（Father Fountenay），很快就看穿他的騙局。但撒氏並未張皇失措，反而和馮氏在「皇家學會」（Royal Society）公開對質，顯然也擺脫了指控，全身而返。

《福爾摩沙史地記實》（編按：此爲本書原書名 *An Historical and Geographical Description of Formosa* 的直譯）初版於一七四年問世，其中包含呈倫敦主教亨利・康普頓的函，並且附有長篇序言，描述作者遊歷歐洲與皈依基督教的來龍去脈。序文中不斷撻伐耶穌會教士，使這本書更易爲英國新教徒接納，也呼應了英尼斯散播的謠言——撒氏是被耶穌會教士從福爾摩沙拐帶到亞威農的，而且撒氏不畏宗教法庭的刑求威嚇，堅持不肯皈依羅馬教會。

《福爾摩沙史地記實》原書是用拉丁文寫的，英譯本主要是由奧斯瓦先生（Mr. Osward）完成。描述福爾摩沙的部分大多來自撒氏個人的奇想，但偶有借用瓦列尼亞斯作品和康地丟斯（Candidius）之處。（按：康氏的〈記述東印度群島之福爾摩沙島〉一文，收於一七七年出版的邱吉爾〔Churchill〕主編之《旅遊集》〔*Collection of Voyages and Travels*〕第一冊。）

此書一出大受歡迎，次年便推出再版本。撒氏本人的獲利並不豐：初版賺得十英鎊，再版只得十二英鎊。之後又出了法文與德文譯本，卻引來頗多批評，其中以曾與撒氏在勞德爾府中打過照面的阿瑪勒維（Amalvi，即書中所說之 D'Amalvy）抨擊最甚。此時的撒氏必已意識到自己處境之危險，但他仍不認輸。

但是好戲還在後頭。《福》的初版才發行，撒氏便在倫敦主教以及一些對於「改奉基督教者」感興趣的友人資助下，進了牛津大學的基督學院。在牛津的六個月修習期間，他似乎做出了一點成績。（按：據 Thomas Hearne 指出：「著名的福爾摩沙人撒縵以色留下一部書的手稿，其中清楚記載領事職權及帝國錢幣之事。」）

據撒氏自己表示，他忍不住要騙別人相信他比實際上更加倍勤奮。「我會點上一枝蠟燭，大半夜時間讓我屋裡有光，使別人相信我在用功讀書；我睡在軟墊椅上，經常一整星期不上床，幫我整理床舖的僕役吃驚不已，不敢想像我如何過著睡眠這麼少的生活。」他甚至「假裝腿和脚腫了，以及類似痛風的不適」，以證明他被過度用功的不正常生活害得生病了。

他當然也花了部份時間在準備再版本。其中「修改」部份包括：將福爾摩沙記實挪至前面，遊歐與皈依基督教的經過挪至第二卷，以及加入「魔鬼偶像」的新插圖和在書最前面添上地圖。這些工作爲他賺得前面所說的十二英鎊。但是他的大部分時間還是耗在爲「聚於大學內的大批女士先生們」演講上面，他講到了福爾摩沙一些可怖的習俗，如：用活人獻祭與吃人肉。

再回倫敦時，有一樁大出他意外的消息等著他。原來英尼斯因說服他皈依有功，得了英國軍隊的總牧師榮銜到葡萄牙去了。他在《回憶錄》中雖然表示，慶幸這寡廉鮮恥的人離開英國了，但這有力的共謀者一走，撒氏無疑也喪失了士氣。在不斷有人抨擊圍攻下，他的抵擋抗辯大不如前；他的贊助人漸漸不支持他，懷疑嘲笑他的人越來越多。一七一一年三月十六日的《觀察家》（*Spectator*）刊出的一則「廣告」，是他受恥笑的一個高峰。廣告內容是：

歌劇《艾屈亞斯之酷行》將於四月一日在秣市劇院上演。

注意：泰耶斯蒂斯食其親生子之肉的一景，將由近期自福爾摩沙來英之著名的撒瑪納札先生演出。全景將以銅鼓配樂。（譯註：希臘神話故事中，艾屈亞斯因恨其弟泰耶斯蒂斯誘奸嫂嫂，將泰之子殺而烹之以饗泰。）

這已超過撒氏能忍受的限度，於是他退出輿論的生活與批評，花了「大約十年時間……投入最可恥的閒散、虛榮、放蕩行徑」。他表示，若不是因爲「生性怯懦而怕遭拒絕」，他的桃色事件還會更多。他的諸多「戀情」顯然也以他一貫的做事徹底風格進行，「在有限的幾次中，我都很不恰當地訂了婚，尤其有一次我迷戀得頗欠節制，表現出來的熱切與激烈無人可比擬。」

不難預料，他背上了債務，於是又得設法解除困窘。他的「設法」，不免又重蹈行騙的覆轍。一個名叫派呑頓（Pattenden）的男子發明了一種「白色的日本漆」，因爲銷路不好，便提議與撒瑪納札合作，把白漆當作福爾摩沙產品來推銷。後來「福爾摩沙白漆」上市了，卻因定價太高等原因，行銷完全失敗。

接著幾次賺錢企圖都失算之後，他又回到教書的本業。他謀得了兩個教職，但由於待遇太差，一有機會就轉業，成爲蘭開夏郡（Lancashire）龍騎兵團的一名辦事員——當時該團正負責鎮壓賈可賓黨（Jacobites）一七一五年的叛變。撒氏和軍團的少校交情很好，這位少校慣常稱他「喬治爵士」，甚至到處說他曾獲安妮女王（Queen Anne, 1665-1714）頒爵位。這個說法太可喜，令撒氏難以割捨，後來，「因爲太爲這可充面子的榮銜著迷」，他就說自己原是福爾摩沙貴族後裔，所以應有這個榮銜。

他頗以軍團的居無定所生活爲樂，後來因爲軍團調到愛爾蘭去，他才離開。回到倫敦之後，他似乎明白這是他該自食其力的時候了。他已經做過學生、朝聖者、酒館跑堂、軍人、教師、辦事員、寫作家，這一回又做了扇面畫師。結果和以前幾次一樣不成功。在一位神職人士募款協助下，他又再回去研讀神學，並且利用一切兼家教的機會賺錢。

終於，撒瑪納札爲了要擺脫自己身上的騙徒標記，下了一次眞功夫。合該他走運，認識了「一位在印刷業各部門均有關係的人士」，從而得到一份翻譯工作，成績也倒不錯。他投入了希伯來文研究，利用羅伊士登（Leusden）的拉丁文版《詩篇》，加上「其他學者的一切批評與註解」，重新譯了聖經的《詩篇》。不料，奇徹斯特（Chichester）的主教亥爾博士（Dr. Hare）卻搶先一步，阻止這部譯作出版。此事似乎是印製者包默先生（Mr. Palmer）搗的鬼。姑不論事實如何，包默又求撒氏幫忙撰寫他已計劃許久的一部《印刷術史》——這計劃因種種原因一直未付諸實行。撒氏答應了，但工作才做到一半，包默卻死了。好在有潘布洛克伯爵（Earl of Pembroke）資助，這部作品得以在一七三二年問世。

撒瑪納札的下一項任務，是與波恩（Archibald Bowen）的二十大冊《世界史》相關的。他參與的部份很多。在初版中包括：

1 猶太史，自亞伯拉罕起，至巴比倫囚虜時代止。

2　克爾特人（Celtes）與錫西厄人（Scythians）歷史。
3　古希臘史，即神話傳說及英雄時代。
4　猶太史續篇，從離開巴比倫起至提多（Titus）摧毀耶路撒冷止。
5　古尼斯帝國（Nice）與特列比詹帝國（Trebizond）史。
6　古西班牙人史。
7　高盧人史。
8　古日耳曼人史。

再版參與部份有：

1　底比斯（Thehes）史與哥林多（Corinth）史。
2　贊諾芬（Xenophon）兵法。
3　猶太史再續，從提多破耶路撒冷起，至現代止。

另一篇值得注意的作品是匿名寫的，收在波恩的《地理大全》（*Complete System of Geography*, 1747）的第二冊中。他在文中說，撒瑪納札的騙局以及他假造福爾摩沙史地書之事，雖未公開招供，但早已爲其所承認。此乃是「少數只顧私利的人見其年少可欺，叫唆其從事其根本從未想過要做——遑論有把握做到——的假冒行爲。」

文中並且表示康地丟斯是他參考來源之一。「該記述福島之作，既已知其多屬揑造，茲敬告讀者，其中可取部份多採自荷蘭牧師康地丟斯作品。據稱康氏曾居住福島，爲唯一撰文論及該地者。然經詳審之後，康作之可信成份與撒氏捏造相較，恐爲五十步與百步耳。」

撒氏不具名地承認冒充行騙之餘，也不放過他的前輩康地丟斯。

他最後的匿名作品是一系列宗教雜論。是「應某位年輕的鄉間神職人員邀請，由城內某位無名之非神職人員於幾年前爲其所撰。一七五三年於倫敦。」他在遺囑中亦提及這批作品。

撒氏略傳至此已接近尾聲。以後他一直住在克拉肯塢（Clerkenwell）的老街（Old Street），至一七六三年五月三日逝世，享壽八十四。

他的暮年生涯與他早年的旅歐歷險一樣奇異不凡，只是方向大不相同了。他不但以「衷忱與悔過之心」過著虔誠的嚴謹教徒生活，而且贏得各個階層人士的敬重。

姜森博士對他表現的眞誠尊重，頗令人驚訝。姜森與鮑斯沃（James Boswell, 1740-1795，替姜森作傳者）談起相識的友人時，是這麼說的：「……我最喜歡找喬治・撒瑪納札，我常和他在市內酒館同坐。」姜森從不在言語上反駁他，並曾經說：「我就是反駁一位主教，也不會反駁他。」（以上均見鮑斯沃《姜森傳》）。

皮奧奇夫人（Mrs. Piozzi）在《姜森博士晚年軼事》（*Anecdotes on the Late Samuel Johnson, L.L.D*; 1786）之中的一段話更有意思：「我問姜森博士，誰是他所認識的『最好』的人，他出人意表的回答是：『撒瑪納札。』他並且說：『他雖是生於法國——這乃是他的朋友猜測，卻比其他和他經歷相似的外國人的英語程度都好。』

雖然二人之間不乏互敬，我卻認爲互信是欠缺的。他們只談泛泛的問題，宗教或學術，二人在這些方面無疑都有驚人成就。就眞誠基督教徒的品德方面而言，我聽姜森博士說：『喬治・撒瑪納札的虔誠、懺悔、德行，幾乎比我們讀的聖徒事蹟所敍述的還要了不起。』」

有人認爲，撒氏《回憶錄》有確實無誤的姜森博士跨刀的痕跡，並且相信姜森不但聽過撒氏的知心話，也實際協助撰寫了這部預定作者身後出版的著作。實情究竟如何，我們難以確定，讀者可自行斟酌推斷。

以下引撒氏遺囑之部分，可作爲本序的結語。這篇遺囑除了有關《福爾摩沙史地記實》的部分不論，實在可以視爲一個不幸的人表現人性的文件。他似乎眞心爲自己的所作所爲慚愧，後悔曾受一個原本應該明事理卻居心不良的人慫恿，讓自己想出名的念頭誤導自己一生。

余希望，不論於何時何地死亡，余之遺體不應停放超過常規合宜之限，隨即移至公共墓地，葬於隱僻角，除當地一般告老退休者亡故時慣用之儀式，無需多餘繁文褥節，時間也按常例，一切節約從簡。余所至囑者，遺體勿斂於任何棺木，只需安置於最廉價之所謂粗棺，勿加蓋或覆以他物，以便大地之土掩埋。

有關世界史之書籍，原屬業主，當逐一按清單歸還，清單夾於余賬簿中，爲一藍色紙單。

餘物皆屬余所有，計家用物品、衣履，以及其他應歸余所有之任何財物，謹贈余友莎拉·瑞華林（Sarah Rewalling）。……並贈多份余原擬出版之手稿——倘其仍具存留價值。手稿分別討論舊約聖經各難解之處，以供某鄉間青年神職人士之用。其人不幸得識該類學術，或將成爲教區內懷疑人士譏嘲目標，藉恰當素材之助得以扭轉劣勢。

余義不容辭應當留與後世之主要一部手稿，忠實記載余受教育之經過，以及少年時代荒唐趣事、如何因種種緣故不得不幹起冒充福爾摩沙土著之無恥勾當以欺瞞世人、如何謊稱改奉基督教者、如何捏造福島記實以及撰寫旅行與皈依經過——此書全部或大部爲余罔顧事實之憑空想像。余實早已否認，甚而公開否認其中一切，僅承認余之羞愧惶恐而已。然而，余既知此可恥之作仍有二版存於英國，以及外國版本多種，自認有責任以遺作贖除罪孽，以使眞相大白。遺作之作者決不至受險惡動機之影響而偏離眞實，故不致引人起疑。……此作共計十四頁長之序，以及九十三頁上下之敍述。爲余之親筆，有恰當之標題。此作置於白櫃右手邊之深抽屜內。倘因余近年息影無聞之生活，使此事久已被淡忘，而無重提之必要，余則希望此作能載於週刊式報章，以便告知世人——尤應告知仍持有前述虛構福島史地一書之人士，余早已藉言語與見諸文字的方式承認，此作純屬余之捏造，爲欺世盜名之行徑，余自知應祈求上帝與世人寬宥。長久以來，至今日此時，在余有生之年，余深感抱歉與慚愧……

撒瑪納札獎在台灣設立的原因何在?

魏延年

如果亞森羅蘋曾經探險到遠東來，他一定會比世人早一步抵達釣魚台列嶼，並在其中的祕密洞穴裡埋藏珍寶。

他還會在這珍寶裡放入一冊世紀惡作劇的手稿。手稿中會指出，台灣是日本天皇的領土，島上充滿兇殘的野獸，居民信奉的是血腥的奇異教派，他們領主身上的佩飾讓人想起凡爾賽宮華麗的窗簾，及一九九六年台北市到處充斥的卡拉ＯＫ裡美麗「公主」的裝扮。

為了讓這鬧劇達到最佳效果，亞森羅蘋甚至會憑藉想像，發明一種新的語言及幻想的文字。然後，亞森羅蘋可以搖身一變，成為出版商，將某位法國漢學家尋獲的這份手稿印行出版。可以想見，他會因此而大賺一筆。

然而，事實比亞森羅蘋之父，小說家莫理士・盧布朗（Maurice Leblanc）所想像的情節更加有趣。

倫敦於一七〇四年四月①，阿姆斯特丹於一七〇五年②，各以英、法文出版了一本暢銷書。

這本書隨即被譯成荷蘭文及德文，也造成轟動。這是因爲一方面，本書敘述一個遙遠異國情調濃厚的海島；另一方面，本書作者以「福爾摩沙原住民」的身分出現，並說明他是少年時期才抵達法國，在此學習多種歐洲語言。他甚至還學了當時歐洲文人的語言——拉丁文，並以拉丁文寫出他的手稿。前述的英、法文版本，便是從這分拉丁文手稿譯出的。此外，這位年輕的異國作家，竟信奉基督教，並與天主教耶穌會發生爭論。

這本書是百分之百的謊言。雖然曾與確實去過中國的耶穌會教士對質過，雖然這本書很明顯地不足採信，雖然已經有以歐洲語言發表關於中國及荷蘭佔領時期的台灣的作品，我們這位作者喬治．撒瑪納札還是一直爲他大受歡迎的瞞天大謊在辯護。

這項欺騙行爲並未使他致富，而幽默也無法使他從中獲利。喬治似乎最後僅獲得幾個英鎊。曾有人想請他到牛津大學教授福爾摩沙語，但他最後是靠撰寫一些文章過活。

後來，儘管我們知道這位仁兄出生於法國南部，卻仍然無人確切知曉他的真實姓名。他的探險歷程，曾有兩位作家做過有系統的，趣味盎然的介紹：

一九六八年，密蘇里州的聖路易大學出版 Fredric J. Foley 所著的《福爾摩沙大騙子》（*The Great Formosan Impostor*）[3]。作者是一位熟悉台灣及其歷史的耶穌會教士，他曾花費數個月的時光研究當時所能尋獲的史料。

在此之前，一九二六年，倫敦「騙子叢書」（*The Library of Impostors*）的編輯，N.M.

Penzer，早已將喬治的英文初版重刊發行④。Penzer 並爲這個重刊本撰寫了一篇資料豐富的導言。爲了向 Penzer 致敬，這個中譯本特別將這篇導言收爲附錄（當然，我們不會只是剽竊別人的文章，而不說明其來源出處）。

至於前面提及由 Foley 所著的書，它值得原文全本刊出，可以作爲喬治英文版的前導書。談到 Penzer 學識淵博的著述後，我們不妨嚴苛地批評那些喬治的接棒人。他們就是一些所謂的法國漢學家。

喬治的故事，呈現幾個有趣的層面：

《福爾摩沙史地記實》在騙子列傳及有關的文獻目錄裡，絕對佔有其一席之地。光是這本書的書名，就受到許多專業書籍的青睞。這本書會列入「騙子叢書」，毋寧是必然的。

關於喬治的欺騙行徑，實在不需再做文章。我們倒要提醒讀者，所有的惡作劇、幽默玩笑及捏造的資訊，都有其存在價值；由於具有鎮定、安撫的作用，甚至可以說扮演著正面意義的社會教育角色，就如同預防針可以抵抗細菌引起的疾病一樣。

如果能有一位如史威夫特（Swift）一樣的中國幽默大師，在一九六六年之前著書，說明中國需要一次「文化大革命」，事情的發展或許會有所不同。猶如其他欺瞞世人的名稱，文革實際上竭其所能地摧毀了無數書籍，終結了幾百萬人的性命，其中包括許多教師。但是，即使有一位中國的史威夫特，想來還是無法避免悲劇的發生。只是毛澤東起碼會發明另一種稱呼，譬如說，比較接近事實的「反文化的反革命」（一如 Boris Souvarine 所說的）。

如果這位幽默作家純粹爲開玩笑，提議將毛澤東最令人憂懼的話語，收錄成《毛主席語錄》，所有歐洲毛派漢學家在祈禱時，在他們左手會有另一本書可讀⑤。

語言學家不都夢想著有朝一日，能針對一個不存在的語言，寫出相關的語言學著作，加上許許多多的註脚及所有表面上看來充滿學問的條理？文學評論家不也絞盡腦汁，想爲一本不存在的著作寫出博士論文，爲的只是誆騙其同儕，並且愚弄某些愛賣弄的所謂知識份子？

舉一個較晚近的例子：一個愛開玩笑的人請歷史學家 Hugh Trevor-Roper 爲他所僞造的「希特勒筆記」做見證，此舉無疑是爲 Edmund Backhouse 報一箭之仇，因爲在此之前不久，Trevor-Roper 才在其《北京隱士》⑥一書當中，無情且不公平地抨擊 Edmund Backhouse，只因爲這位和善的北京人寫的是半小說式的回憶錄。當然，如果 Backhouse 的回憶錄交到 Trevor-Roper 手上，他是不敢出版的，他只會自娛於其惡意的批評當中。

喬治這本書的第二層意義是，台灣沒有多少人知曉這本書，而且即使本地人早已習慣關於台灣的不實報導，此書對台灣歷史、地理及島嶼本身的扭曲，仍然會讓人看得瞠目結舌。

第三層意義則是喬治既然是法國人，他對後世的法國漢學家是否有重大影響呢？成立「撒瑪納札獎」應該是很合宜的吧！每年，我們可以將這個獎頒給當年度寫出最多有關台灣無稽之談的法國漢學家。

喬治這本書的弔詭之處，在於雖然完全出於偽造，其中的謊言卻可能比法國大多數所謂專家所說的少多了。有趣的弔詭正是：停了不走的老錶，一天起碼有兩次對的時間；但時間沒調準的手錶就永遠不準。

雖然台灣在地理上及資訊上都與歐洲相距甚遠，法國在十九世紀卻將飄渺化為眞實。一八八四年至一八八五年，中法越南戰爭（法國對抗黑旗軍的戰爭），囊括了福建及台灣。死於澎湖的辜褐貝海軍上將（Amiral Courbet），雖然從未學過中文，卻因為出征福爾摩沙及摧毀早年由另一位精通中文的法國人Prosper Gicquel所建的福州馬尾造船廠，而在死後得以在法國各地許多街道留名。

如果想要具體地了解這些福爾摩沙事件，我們可以從現代觀點，重新來看辜褐貝出征至淡水、基隆的行動：戰事之浩大，可以和二十世紀伊拉克攻打科威特的波斯灣戰爭相提並論，都派遣了龐大的遠征部隊，運用了最新式的武器。

為了進一步了解這個事件的重要性，容我再以現代事件來比擬：這就好像法國將軍艦及幻象機出售給台灣之後（當時的馬尾造船廠，是一個類似的軍事合作計畫），再派遣法國一半海軍武力，來摧毀左營基地及幾個台灣的機場。

在法國，有關中法越南戰爭的爭論，導致當時政府垮台（畢竟不是所有的法國人都贊成攻佔福爾摩沙）。由此可證，在十九世紀的法國政治上，台灣確實存在過。當時以西方語言出版的關於台灣的三大著作之一，《美麗之島》(*L'Ile Formose*)，即由法國外交官 Camille Imbault-Huart 所著，於一八九三年出版。因此，當今的法國學院派人士更沒有理由在一九四五年之後，就不再談及台灣。

「一九四五年台灣光復」、「一九四七年二二八事件」，以及「台灣民主及經濟進步」，都會是最佳的研究主題，也是台灣足以引起各方矚目的最佳原因，及著書立說，出版書籍的動因。那些法國漢學家對這些值得深究的題目，卻從未發表任何文章討論。

如果有關的中文著作，對這些不太會說中文的漢學家來說太過困難，他們至少應該讀些英文著作。但直至今日，幾本美國的經典之作，如 George Kerr 的《被背叛的福爾摩沙》(*Formosa Betrayed*)，及 Clough 的《中國之島》(*Island China*)，都尚未譯成法文。

一九四五年，廖文魁於上海耶穌會刊物上，以法文發表的〈美麗島何去何從？〉[7]，也引不起法國漢學家的興趣。

沒有說出來的謊言還是謊言：對於法國所謂的漢學家來說，台灣已不存在。一直到一九七八年，除了少數的幾個例外之外，沒有法國學生到台灣來學中文，而在法國的中文教師，也不鼓勵學生到台北學習中文。

所以如此疏遠台灣，會是因爲當時歐洲知識份子反對國民黨政府的高壓政策嗎？不盡然如此。當時巴黎出版的抨擊國民黨黑暗時期最猛烈的著作，是 Harold Isaacs 所著的《中國革命的悲劇》⑧。可是法國共黨漢學界的領導人物，卻百般阻撓這本書的問世。

這位人士便是法國知名的史達林派 Jean Chesneaux ⑨。他的反對理由，不在爲國民黨辯護，而在遏止 Isaacs 批評反民主的中國共產黨。Chesneaux 當然可以獲頒第一屆撒瑪納札獎。

Chesneaux 的罪行還不止於此。他及他的博士論文本身，便可以讓人寫成一部可觀的論文。美國歷史學家 Conrad Brandt 談到 Chesneaux 題爲《中國工人運動》的博士論文時說：「這本著作的所有眞實部份已全被取走，而剩下的部份則全是假的。」⑩

即使法國知識份子對一九四九年至一九六四年國民黨政府的態度有所不滿，這也構成一個理由，來談論台灣，以及其歷史、文化，甚至那些最悲慘的事件。但事實上，受法國共產黨同志控制的法國漢學家，則盡其所能地想將台灣自世界地圖上抹掉。値得慶賀的一個例外，是支領法國遠東研究院薪資的一位專研道教的荷蘭學者，來到台灣，定居於台南，學習閩南語，並從事研究。

另一個令人無法理解的敵視台灣的例子，發生在一九七二年。一九六九年，巴黎第七大學中文系開設中國方言課程給有興趣的學生選修，並聘請一位年輕的台灣女教師教授閩南語。但是，這個課程在一九七二年，Léon Vandermeersch 接掌中文系時，被迫停止了。Vandermeersch 此君是最可笑的法國漢學家之一，一個毛派信徒，信仰林彪，並認爲林彪可媲美耶穌基督。如此一來，同理可證，江青就應該是聖母瑪麗亞了。就讓我們投票贊成 Vandermeersch

領取第二屆撒瑪納札獎吧。

我們還可以補頒其他的撒瑪納札獎，給 Bianco、Domenach 等人。他們曾經在一些法文著作裡被點綴式地嘲弄過[11]。但是，他們說過的令人笑掉大牙的「金玉良言」，其實值得著作專書，加以列舉討論。最近，恰好有一篇對他們的惡習提出初步分析的文章，發表於法文刊物，作者爲法國《世界日報》駐北京記者[12]。

法國學術界對台灣的無知，可以從一九八〇年由索爾邦大學教授指導出版的《環球百科全書》窺見一斑[13]。書中指出，研究台灣歷史的首要資料來源爲撒瑪納札——儘管早在一九六四年，法國出版的《鬧劇及騙術百科全書》已指稱撒瑪納札是個大騙子[14]。

衆所皆知，中國人是個幽默的民族。這本書應該說是一系列有關台灣的必要參考書籍的首冊，能夠於此時出版，實在值得慶賀。

一九九六年十月於台北

（魏延年口述，郭慧貞整理）

註釋

①這本著作的英文增修第二版，據我們所知，目前在台北只有一本，爲信鴿郵卡藏書。這本書在歐洲各大圖書館均有珍藏，但在舊書店已不復可尋。

②*Description de l'isle Formosa en Asie* (...).香港大學圖書館（Hongkong University Library, Rare Books Division）藏有此書。

③感謝台北利氏研究中心出借此書。

④我們所參考的這個重刊本，爲信鴿郵卡藏書。

⑤這句法國小孩耳熟能詳的「用左手讀書」暗示「可空出右手自慰」，當然，這句成語只適用於右撇子。

⑥Hermit of Peking: The Hidden Life of Sir Edmund Backhouse. England, London, 1993.爲倫敦 Macmillan 出版社一九七六年版的重刊本。

⑦Joshua Liao Wen-kuei, *"Quo vadis Formosa", Bulletin de l'Université l'Aurore, Série III, tome 7*, n°1, Shanghai, 1946, pp.1-30. 此篇資料的取得，多蒙安必諾博士之助，謹此致謝。

⑧《中國革命的悲劇》，Isacs（1910-1986）所著，劉海生中譯，收入「東亞叢書」。這本書本身就是一個歷險故事。Isaacs 本人是當時的一個見證並且非常活躍，他是魯迅及宋慶齡的朋友。他在上海發行了珍貴見證的刊物。一九三八年此書第一個英文版在倫敦出版，但絕大部分被德國砲彈摧毀。一九四五年，劉海生中譯本誕生，但幾乎沒有發行，圖書館也沒有收藏此版本。劉海生於一九五二年死於越南監獄，之後在美國陸續有幾次英文版刊行。一九六七年出現了法文譯本。當時「東亞叢書」尚未誕生，但此書可說是這個離散四方的叢書的催生者。「東亞叢書」的歷年出版社，分別是 Université Paris 7、Champ Libre、10/18、Bourgois、Robert Laffont 等。這套叢書在一九六九年至一九七八年間，曾將法國的毛派信徒漢學家整得七葷八素。《中國革命的悲劇》的中文版值得再次出版，因爲此書內容經常被其他作者「使用」，却很少提及書名。即使在一九九六年的今日，我們有其他的補充資料，但參考此絕無僅有的書籍還是有用的。

這本書已經成爲它所描述的歷史的一部份。同樣的情形也發生在 Kerr 的書上，我們如今對二二八事件所知道的，比 Kerr 那個時代還來得多，但是去瞭解那時候的 KERR 以觀察者的角度來看這事件，還是很有趣的。

⑨ Jean Chesneaux, *Le Mouvement ouvrier chinois de 1919 à 1927*, Mouton & Co., Paris, La Haye 1962, 654pp. Chesneaux 約在一九六九年被排離巴黎第七大學的中文系。即使其好友 Vandermeersch 於一九七二年接任中文系主任，也不敢請他回來任教。一九七四年的世界東方學者大會上，Chesneaux 受盡學者嘲弄。自此之後，他再沒有任何有關中國的論著，這可能是因爲沒有學生，就沒有寫作靈感。

⑩Conrad Brandt 在巴黎第七大學擔任客座時，告訴碩士班同學的話。

⑪例如 *Révo. cul. dans la Chine Pop.: anthologie de la presse des gardes rouges.* Editions 10-18, Bibliothèque asiatiquè, Paris, 1974, 448pp.

⑫Francis Deron, *"Pour en finir avec les sinologies"*, Clichy, June 1996, Revue des Deux Mondes, pp 20-31。這篇文章引起很大的迴響，即使沒有被提及的漢學家，也與被攻擊的漢學家連成陣線，聯名簽署抗議書。

⑬Jean Delvert, *"Taiwan"*, Encyclopaedia Universalis, Paris, 1980, vol. 15, p.658.在此文章中，作者提及的有關台灣的參考書籍，爲一九二六年倫敦「騙子叢書」出版的撒瑪納札著作。所以很顯然地，他沒有讀撒瑪納札的著作，也沒看見書名頁，甚至也沒到圖書館查證參考書籍。否則，他會知道撒瑪納札這本書作是「騙子叢書」的第二冊。同樣的愚行於一九八六年再度發生，修正版的《環球百科全書》是由 Jean Delvert 與 Pierre Sigwalt 兩位教授共同署名，可是環球百科全書的編審小組裡，沒有任何一位所謂漢學家提出修正。

⑭Caroline Aubry, *"L'Ile de Formose"*, 見 François Caradec & Noël Arnaud, Encyclopédie des farces et attrapes et des mystifications, Editions J-J. Pauvert, 1964, pp.327-8.

中文版編按

一、本著作初版刊行於一七四年。倫敦羅伯・霍頓公司（Robert Holden & Co. Ltd.）在一九二六年曾據以重新排印，列入該公司的「騙子叢書」（Library of Impostors）。

二、本書根據一七五年英文第二版譯出，但翻譯過程中參考了前述一九二六年重新排印的初版。

三、本書第十六頁即一七五年版書名頁。

四、我們特別請譯者薛絢將一九二六年版編者潘哲（N.M. Penzer）撰寫的導言譯出，收入本書書末，作爲附錄，俾讀者對作者背景多些了解。

五、本書第一卷譯文請中央研究院台灣史研究所的翁佳音先生審閱過。翁先生曾留學荷蘭，鑽研早期台灣史。翁先生還爲本書寫了一篇序，闡發其史學意義與趣味。書前的撒瑪納札肖像取自其《回憶錄》，也是翁先生提供的。謹此致謝。

六、台大的賴甘霖老師（Prof. Andres Diaz Rabago）爲我們解釋書中若干拉丁文的意義，謹此致上謝意。

七、介紹這本書給我們的，是兩位長年居留台灣的法國友人，Françoise Zylberberg（施蘭芳）和 René Viènet（魏延年）。René 特別爲本著作的第一個中譯本寫跋，在此一併誌謝。